녹슮에서
반짝임으로

경북산업유산 이야기

글
강동진

사진
이인미

그림
김성철

글 강동진

사진 이인미

그림 김성철

발행인 전창록

발행처

(재)경상북도경제진흥원

경상북도 구미시 이계북로 7

비온후

www.beonwhobook.com

발행부서 (재)경상북도경제진흥원 강소기업기획육성팀

기획 이근영

편집디자인 김철진

제작진행 삼원D&P

발행일 2018년 12월 30일

ISBN 978-89-90969-63-7 03090

책값 18,000원

녹슮에서
반짝임으로

경북산업유산 이야기

尚州酒造株式會社

여 / 는 / 글

일본으로부터 오래된 책 한 권이 배달되었다. 일본 군마현립여자대학교 군마학센터의 토시타카 마츠우라(松浦利隆) 교수가 보내온 것이었다. 「颯爽たる上州 : 群馬の近代化遺産」, '사쇼우 타루 죠슈'라고 읽을 수 있고, '씩씩하게 군마로 달려간다' 정도로 풀이할 수 있다.

책 정면에 '上州'라는 한자가 눈에 들어왔다. 군마현의 옛 이름이라는데, 우리나라 경북 상주(尙州)와 한자는 다르지만 같은 발음이다. 마츠우라 교수가 보내온 책은 군마현, 즉 上州의 산업유산을 최초로 정리한 1995년의 책이자, 2014년 세계유산으로 등재된 군마현의 양잠업 유산을 산업유산으로 공식적으로 소개한 최초의 자료이기도 하다. 그 당시 경북산업유산의 첫 이야기를 상주의 양잠업에서부터 풀어가려 했던 필자에게 책은 특별한 의미로 다가오기도 했다.

현재 경상북도에는 40여 곳의 산업유산이 있는 것으로 파악된다. 18개소의 등록문화재가 포함되어 있는데, 그 중 약 50%가 물류유통과 관련된 철도시설이다. 그러나 1905년부터 시작된 우리나라 철도 역사에 견주어볼 때, 철도시설을 경북의 핵심 산업으로 삼기는 어려웠다. 그런 아쉬움 때문인지 경상북도는 여느 지역보다 먼저 지역의 산업유산을 지키고 지원하기 위한 노력을 기울여왔다. 2013년에 '경상북도 향토뿌리기업 및 산업유산 지원조례'를 제정하고, 세 차례에 걸쳐(2013년, 2017년, 2018년) 16개소의 산업시설을 경상북도의 산업유산(이하 '경북산업유산')으로 지정했다.

16개소의 경북산업유산

지정년도	명칭	지역	설립년도	세부업종	영업상태
2013	영양탁주합동	영양군	1926	양조업	정지
	상주잠령탑	상주시	1930	양잠업	–
	노당기와	경주시	1940	기와제조업	영업중
	성광성냥	의성군	1954	성냥제조업	정지
	묵상정미소	상주시	1956	정미업	정지
	풍국정미소	영주시	1966	정미업	정지
	오운여상	구미시	1979	–	정지
2017	(구)상주백화점	상주시	1930	상업	정지
	구담성당대죽공소	예천군	1958	–	정지
	용궁합동양조장	예천군	1960	양조업	영업중
	영주대장간	영주시	1976	농기구제조업	영업중
	(구)잠실	상주시	1985	양잠업	정지
2018	상주주조	상주시	1928	양조업	정지
	산양양조장	문경시	1944	양소업	정지
	수출산업의 탑	구미시	1976	제조업	–
	코모도호텔	경주시	1979	숙박업	영업중

지역의 산업유산을 지키기 위해 제도를 구축하는 것은 당연한 일 같지만 쉽지 않다. 더구나 산업유산에 대한 개념이 자리 잡지 못하고, 국가정책이 마련되지 않은 상태에서 지방의 이러한 행보는 매우 의미 있는 일이다.

우리나라에 '산업유산'이라는 개념이 들어온 후 몇 차례의 사건이 있었다. 추려보면 다섯 가지 정도가 될 듯하다. 산업유산에 대한 이야기는 1990년대 말부터 논문이나 글을 통해 소개되었지만, 본격적인 등장은 2000년을 넘어선 2002년과 2003년이라 할 수 있다.

첫 번째, 2002년 '선유도 근린공원의 탄생'이다. 한강 속 섬이었던 선유도에 1978년 정수장이 건설되었고, 그 역할이 중지된 후 정수장 시설과 기능을 이용한 녹색 기둥의 정원, 시간의 정원, 물을 주제로 한 수질정화원, 수생식물원 등을 핵심으로 하는 '선유도 근린공원'(110,407㎡)이 탄생되었다. 그날이 2002년 4월 26일이었고, 우리나라 산업유산 재활용의 최초 사례로 기록된다.

두 번째, 2003년부터 시작된 '산업유산 관련 학술 논문들의 발표'이다. 이것은 사건이라기보다는 계기에 더 가깝지만, 한 분야가 새로운 사업영역으로 자리 잡으려면 학술적인 이론화 과정이 필수적이라는 점에서 의미가 있다. 2003년에 발표된 두 편의 논문(「산업유산의 개념과 보전방법 분석」(국토계획, 38권 2호, pp.7-20), 「산업유산의 유형별 재활용 특성 탐색」(한국도시설계학회지, 12권 3호, pp.59-71))은 산업유산의 본격화를 알리는 촉발점이 된 것으로 평가된다.

세 번째는 2009년에 시작된 '문화체육관광부의 지역근대산업유산 예술창작 벨트화 사업'을 꼽을 수 있다. 이는 국가의 관심이 본격화된 계기라는 점에서 주목할 만하다. 당시 사업에 선정된 산업유산은 포천의 채석장, 아산

장항선 폐선부지와 도고온천역 일대, 신안 증도의 태평염전, 대구의 연초제조창(KT&G), 군산의 내항 일대 등이다. 우여곡절을 겪었지만, 2011년까지 채석장, 철도, 공장, 항구, 염전 등 다양한 폐산업시설들이 산업유산이자 지역의 문화예술공간으로 재탄생하였다. 가장 큰 수혜지는 군산이라고 할 수 있는데, 근대문화도시로서 본격적인 행보가 이때부터 시작되었기 때문이다. 이후 2014년부터 사업은 '산업단지 및 폐산업시설 문화재생사업'으로 발전하였으며, 계속해서 산업유산과 지역재생을 결합하는 시도들을 낳고 있다.

네 번째, 2009년 10월 '인천 아트플랫폼의 개관'이다. 인천광역시 자체의 노력으로 창고 등 13동의 산업시설과 근대건축물을 리모델링하여 집단 형태의 문화단지를 탄생시켰다. 이는 유례없는 일로, 단일시설 위주였던 산업유산 재활용에 대한 폭을 확장시키는 계기를 제공하였다.

다섯 번째, 2013년 '경상북도에 의한 조례 제정'이다. 이는 지역의 산업유산들을 지키기 위한 최초의 제도화 작업으로, 실제로 16개소의 산업유산을 지정하고 이를 지킴과 동시에 재활용에 대한 가능성을 열어가고 있다. 16개 유산은 5개소의 시와 3개소의 군에 속해있고 4개 유산은 아직 운영 중이다. 가장 오래된 것은 1926년 설립된 영양탁주합동이고, 가장 최근 것은 1979년에 건립된 구미의 오운여상과 경주의 코모도호텔이다. 본 책은 다섯 번째 사건과 관련하여 살펴보고자 한다.

경상북도 지도에 16개소의 경북산업유산과 산업유산 성격을 가지는 18개소의 등록문화재를 포함하여 현재까지 파악된 경상북도의 산업유산들을 표시하였다. 산업유산이 없거나 누락된 지역(경산시, 울릉군, 울진군, 영덕군, 청송군, 군위군, 성주군, 고령군, 청도군)도 있고, 산업유산을 보유하고

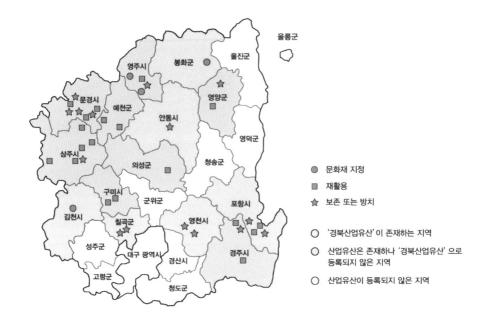

울릉군

● 문화재 지정

■ 재활용

★ 보존 또는 방치

○ '경북산업유산'이 존재하는 지역

○ 산업유산은 존재하나 '경북산업유산'으로
  등록되지 않은 지역

○ 산업유산이 등록되지 않은 지역

있지만 경북산업유산으로는 등록되지 않은 지역(안동시, 김천시, 영천시, 포항시, 봉화군, 칠곡군)도 있다. 그러나 이 상황은 고정된 것이 아니다. 언젠가는 지도 위에 더 많은 산업유산들이 표기되고 또 지역재생의 주체로 움직여 갈 것으로 생각한다.

이 얘기를 꺼낸 것은 산업유산은 '진행형 유산'의 성격을 가지고 있기 때문이다. 마찬가지로 경북산업유산도 단지 團地 스타일, 지역 스타일, 비非물리적 스타일 등 다양한 유형을 가진 유산으로 확장되어 갈 것이다. 다양한 경북산업유산들이 이어져 '경북산업유산의 길'을 이룰 날을 상상해본다. 한발 더 나아가 분명 그 길은 '대한민국 산업유산 네트워크'로 발전할 것이다.

이 책의 탄생에는 여러 사람들의 마음이 보태졌다. 경북산업유산을 소개해

준, 책이 만들어질 수 있도록 온 마음으로 길을 열어주신 경북도청 일자리 경제산업실의 모든 분들께 깊은 감사를 드린다. 또한 실질적인 도움과 지원을 해준 경상북도 경제진흥원과 유산이 위치하고 있는 상주시, 문경시, 영주시, 경주시, 구미시, 영양군, 의성군, 예천군 담당 공무원들의 지원이 없었다면 이 책은 만들어질 수 없었다. 특히 경북산업유산을 지키고 계신 어르신들, 그 곳에 뼈를 묻고 진한 삶의 여정과 이야기를 나눠주신 모든 분들께 감사를 드린다.

이 책이 완성되기까지 크나큰 도움을 준 특별한 세 사람이 있다. 처음부터 끝까지 사진으로 유산과의 소통을 함께 해주신 이인미 작가, 그림으로 유산의 이야기를 담아주신 김성철 작가, 그리고 편집과 출판으로 유산의 이야기가 한 권의 책이 될 수 있도록 해주신 비온후의 김철진 대표이다. 마지막으로 갖가지 고생을 함께 나누어 준 경성대학교 도시보전연구실의 윤두원 군, 성원석 군, 박리디아 양에게 고마움을 전한다.

2018년 12월

강 동 진

산업과 유산,
그리고
산업유산

산업유산이란 것

산업 産業 과 유산 遺産 이라는 말은 사실 서로 어울리지 않는 말이다. '산업'은 새로운 것을 생산하고 효율을 높이기 위한 하드웨어와 소프트웨어를 총칭하며 새로운 것을 계속 만들 때 가치가 생겨난다. 반대로 '유산'은 지키고 보존하여야 하는 문화재를 넓게 지칭하는 것으로, 옛것에 기대어 그 의미를 가질 수 있다. 또한 '유산'이라는 말에는 유산을 물려주고 받는 과정에서 발생하는 사람들의 관계와 유산을 지키려는 사람들의 마음까지도 포함되어 있다.

이렇듯 전혀 다른 길을 향해 가는 것처럼 보이는 산업과 유산이 만나 탄생한 '산업유산 産業遺産, Industrial Heritage '을 어떻게 정의할 수 있을까? 분명한 것은 절대적인 보호의 대상은 아니라는 것이다. 해당 산업과 연관된, 보호와 계승이 필요한, 잔존하는 산업의 흔적이자 기억의 증거물로 보는 것이 합당하다.

그렇다면 '산업'이란 말은 언제부터 사용하였을까? '산업'의 개념은 18세기 중후반부터 100여 년 동안 유럽을 중심으로 전개되었던 산업혁명으로 인해 생겨났다. 산업은 보통 공업(제조업) 중심의 2차 산업을 지칭한다. 그러나 산업은 인간이 생계유지를 위한 생산 활동의 총체로써 서비스 생산까지 포함하는 개념이다. 따라서 근대, 특히 19세기 중반 이후부터 20세기 중후반에 지역경제 발전의 일익을 담당했던 1, 2, 3차 산업 모두를 포함하는 보다 넓은 시각으로 바라보아야 한다.

여기서 '토머스 세이버리 Thomas Savery '와 '토머스 뉴커먼 Thomas Newcomen ', 그리고 '제임스 와트 James Watt '의 역할을 잠시 확인할 필요가 있다. 300여 년 후 산업유산의 탄생을 예고했던 사람들이기 때문이다.

세이버리는 1693년에 증기를 압축하여 펌핑할 수 있는 양수 펌프를 개발했다. 뉴커먼은 1712년에 실린더 내에 증기를 유입시켜 수증기의 압축과 팽창에 따라 피스톤의 왕복으로 지하의 물을 퍼낼 수 있었던, 일명 '뉴커먼 증기기관'을 만들었다. 이 기관은 초기 단계에는 증기 압축을 할 때마다 실린더 전체를 냉각시켜야 했기 때문에 열 손실이 커서 효율이 매우 떨어졌지만, 그럼에도 불구하고 1760년대까지 60여 년 동안 영국의 석탄산업 발달에 커다란 역할을 담당했다. 2006년, 이 증기기관을 처음 사용했던 영국의 구리광산이 '콘월과 웨스트 데번의 광산풍경 Cornwall and West Devon Mining Landscape '이라는 이름으로 세계유산에 등재되기도 했다. 세계 최초의 산업혁명 관련 기술이 세계유산 탄생의 근거를 제공한 것이다.

한편, 이 무렵 증기기관의 종결자인 와트가 등장한다. 1769년 1월 5일, 와

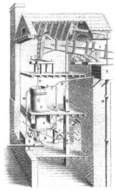

뉴커먼 증기기관이 적용된 콘월과 웨스트 데번의 광산풍경 ⓒ유네스코세계유산센터

트는 글래스고 대학의 수리소에서 뉴커먼기관을 수리하던 중 열 손실이 컸던 기존 장치의 문제를 별도 응축기와 증기압으로 해결한 진정한 증기기관을 탄생시킨다. 이때부터 산업혁명은 본격화된다. 산업혁명으로 인한 혜택은 옷(衣)에서 시작된다. 증기기관을 이용한 각종의 면공업이 발전하면서 다양한 방직기와 방적기가 발명되었다. 기계의 동력원인 탄광업과 기계 제작의 핵심재료 공급원인 철공업의 발달이 이루어졌고, 자연스레 기계 중심의 제조업 발달이 가속화되었다. 또한 원료와 제품 수송을 위한 철도와 항구 중심의 운송업 발달은 산업혁명을 절정으로 치닫게 하였다.

그렇다면 산업유산이라는 개념은 언제부터 등장하기 시작했을까? 시기적으로는 산업혁명을 전후하여 건설된 각종 산업시설이 노후화되면서 (산업시설로서의) 쓰임새가 줄어든 20세기 초·중반 무렵부터이다. 산업유산의 가장 큰 특징은 변화가 중지된 화석화된 문화재가 아니라, 연관 산업과의 관계 속에서 크고 작은 영향력을 미치며 여전히 살아 움직이는 '진행형 유산'이란 점이다. 따라서 산업유산은 시간의 흐름에 따라 계속 태동할 수 있는 독특한 속성을 가졌다.

산업유산의 개념에 대해 다시 한 번 정리해보면 다음과 같다. 산업유산은 산업혁명 이후 공업 중심의 근대화과정에서 남겨진 과학기술과 연관된 것으로, 산업은 퇴락하였으나 국가(지역) 산업의 발전과정에 있어 큰 의미를 가지는 산업시설이나 지역을 말한다. 단순한 고철 덩어리나 비어있는 공장 및 창고만을 지칭하는 것이 아니다. 산업유산의 개념은 현대도시에 있어 작동을 멈추었거나 해체 위기에 처한 산업시설과 지역이 선조들이 땀 흘리며 일구었던 삶의 터전이자 근거였고, 이곳으로 인해 오늘날 우리가 존재한다는 인식이 있을 때 비로소 성립된다. 즉, 산업유산은 우리와 관계 없는 또한 멀리 떨어져 있는 문화재가 아니라 '지난 삶의 진정성이 강하게 스며있는 일종의 생활유산'으로 이해할 필요가 있다.

결론적으로 산업유산은 현재를 살아가고 있는 우리의 인식과 노력에 따라 무궁무진한 변신의 가능성을 담고 있는 '창의의 지역유산'이며, 과거와 현재를 연결하여 미래로 나아갈 수 있는 '신개념의 미래유산'이다.

산업유산의 자격과 조건

산업시설이나 지역이 산업유산으로 인정받으려면 어떤 자격을 갖추어야할까? 우선 기본적으로 일정한 시간이 흐른 뒤 기존 시설의 산업 기능이하락하여 해당 산업이나 공장의 조업 자체가 중단되어야 한다. 다음으로해당 시설이 해체되거나 타 용도로 기능 전환이 이루어지지 않을 때 산업유산이 될 수 있는 자격이 주어진다. 그러나 모든 산업시설이나 지역이 산업유산이 되는 것은 아니다. 몇 가지 조건에 부합해야 하는데, 그 조건은다음과 같다.

- 어느 정도의 역사성을 보유한 산업시설이어야 한다. (역사성)
- 과거 지역산업으로서 지역경제발전의 원동력이었던 산업이어야 한다. (경제성)
- 규모가 비교적 크거나 공간·경관적 특수성을 보유하여야 한다. (공간성)
- 지역민과 (지역)공공의 관심 대상이어야 한다. (지역성)
- "타 용도로 쉽게 대체하거나 해체하면 안된다"라는 지역(민) 차원에서의 묵시적 동의 속에서 형성되는 심상 가치를 가져야 한다. (상징성)

이 중, 2~3가지 조건을 충족시킬 때 산업유산으로의 인정받게 된다. 산업유산은 여러 변신의 과정을 거친다. '보존', '보전', '수복', '재활용' 등 다양하며, '유보'와 '방치'도 포함된다.

제대로 된 변신이 이루어진다면, 산업유산은 유산 자체의 가치 증진과 더

불어 해당 지역에도 긍정적인 영향을 미치는 재생 에너지의 공급체로 거듭난다. 따라서 산업유산을 단순히 지나간 과거의 흔적이나 퇴보한 산업으로 바라보기보다는, 지역 재생의 새로운 장치로 바라볼 필요가 있다. 이는 지역 정체성 강화와 지역경제 활성화라는 두 마리 토끼를 동시에 잡는 일이기 때문이다.

그러나 문화재로 지정(등록)되어 있는 산업유산(①)을 변신시키는 것은 매우 까다로운 일이다. 그렇기 때문에 문화재는 아니지만, 보전가치를 가진 것(②)이나 1960년대 이후 조성되어 역사성은 떨어지나 강한 지역성을 보유한 것(③)이 재활용의 대상이 된다.

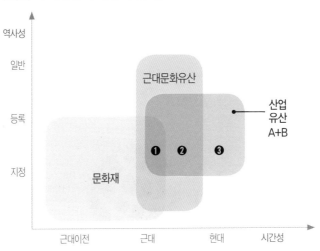

❶ 문화재로 지정(등록)되어 있는 것
❷ 문화재는 아니지만 보전가치를 가진 것
❸ 1960년대 이후 조성(형성)되었으나, 강한 지역성을 보유하고 있는 것

A 지역활성화와 정체성 확보가 가능한 대상
B 도시기능상 존재 가치를 인정받는 대상

여기서 한 가지 놓치지 말아야 하는 것은 산업유산이 무엇으로 구성되어 있느냐에 대한 부분이다. 보통 산업유산은 하드웨어로 남겨져 있다. 시설 자체가 중요한 요소이기도 하고, 시설이 자리하고 있는 터와 장소, 그리고 시설 내·외부의 기계 및 설비류가 이에 해당한다. 그러나 이런 것들로만 산업유산이 구성되어 있는 것은 아니다. 산업기술, 작동시스템, 각종 산업 풍경, 시설 도면과 각종 문서류, 노사 관련 각종 활동 등에 이르는 소프트 웨어가 또 다른 구성체이며, 연고 기업(소유자, 관리자), 기술자, 노동자 등 의 휴먼웨어 역시 중요한 구성 인자다.

현재의 산업유산 개념이 자리 잡기까지 역사를 살펴보려면, 1973년 '산 업유산 보전국제회의 The international Conference on the Conservation of the Industrial Heritage '의 결성으로 거슬러 올라가야 한다. '티키 TICCIH' 라 불리는 이 조직 은 이론에 머물러 있던 산업유산의 개념을 실체화시키고자 산업유산의 발 굴과 재활용에 진력하였다.

티키(TICCIH)의 로고와 앰블렘

연장선상에서 1978년 폴란드의 '비엘리치카와 보흐니아 왕립 소금광산 Wieliczka and Bochnia Royal Salt Mines '은 산업유산으로서는 최초로 세계유산에 등재된다. 그러나 이 소금광산은 13세기부터 채굴되어 산업혁명과 직접적인 관계는 없다. 오히려 17세기부터 20세기 까지 300여 년 동안 구리광산으로 활용되었고, 1980년에 등재된 노르웨이의 '뢰로스 광산도시와 그 주변 R ø ros Mining Town and the Circumference '이 본격적인 산업유산이라 할 수 있다. 현재까지 세계유산으로 등재되어 있는 산업유산은 2018년에 등재된 이탈리아의 '이브레아 산업도시 Ivrea, industrial city of the 20th century '까지 무려 70여 개나 된다.

산업혁명의 발생지이자 발전의 중심지 역할을 했던 유럽은 2003년부터 특별한 사업을 준비했다. 약 5년여에 걸친 준비작업 후 2008년에 '유럽 산업유산 루트 European Route of Industrial Heritage '라는 사업을 시작했다. 이 사업은 산업유산이 지역문화, 관광 등과 결합하여 직접적인 실생활 속으로 들어올 수 있도록 발판을 마련해주었다.

현재 52개국이 사업에 동참하고 있고 무려 1,768개의 산업유산을 연결해 놓았다. 거의 모든 유럽국이 함께 산업유산의 보존과 활용에 대한 새로운 발상들을 매일같이 쏟아내고 있다. 흥미롭게도 1,768개의 유산들은 13가지의 주제별로 나누어져 있다. 동력원관련 유산 Application of Power , 주거 및 건축관련 유산 Housing and Architecture , 군수산업 유산 Industry and War , 철강금속관련 유산 Iron and Steel , 산업경관 Industrial Landscapes , 광업관련 유산 Mining, Paper , 제조업관련 유산 Production & Manufacturing , 소금광산관련 유산 Salt , 서비스 및 레저산업관련 유산 Service and Leisure Industry , 섬유관련 유산 Textiles , 교통물류관련 유산 Transport & Communication , 물 생산 및 관리관련 유산 Water 등이다.

세계유산으로 등재되어 있는 산업유산

앵커 포인트를 체험하고 있는 방문객들: 오버하우젠 산업박물관/독일

이와 함께 해당 국가와 지역에서 핵심적인 산업 기능을 담당하고 산업사적으로 상징성을 갖춘 104개소를 '앵커 포인트 anchor points'로 지정하여 루트의 거점으로 삼고 있다. 앵커 포인트는 해당 산업의 해설과 전시, 안내, 교육 등 다양한 관광산업의 역할을 담당하고 있다.

유럽 산업유산 루트 : 영국과 독일 주변부

산업유산의 산실, 아홉 가지 업종들

유럽 산업유산 루트를 자세히 살펴보면 13가지 유형들의 위치한 모습이 국가별·지역별로 다르다. 이는 산업혁명과 관련된 해당 국가의 산업 특성이 각각 달랐기 때문이다. 산업혁명의 발상지인 영국은 섬유 관련 유산과 오랜 산업 발달의 결과물인 산업경관이 압도적으로 많다. 세계대전을 전후하여 탄광업과 제철산업이 발달했던 독일은 철강금속 관련 유산과 광업유산이 두드러지며, 서비스 및 레저산업관련 유산은 도버해협과 북해 등 해변 지역에 집중되어 있다. 이처럼 산업유산은 지역 특성에 따라 다른 양상으로 나타나는 특이성을 가진다.

이는 산업의 종류, 즉 업종에 있어서도 마찬가지다. 업종별로 산업유산을 살펴보는 것은 유산의 활용하는 데 있어서 큰 도움이 된다. 1차 산업에는 농림업, 수산업, 광업 등이 포함되고, 2차 산업에는 제조업, 철강금속업, 전기에너지업, 조선업 등이 포함되며, 3차 산업에는 물류운송업, 산업서비스업 등이 포함된다. 총 9가지의 산업을 생산 성격에 따라 재분류하면 '직접생산형', '간접생산형', '생산지원형'으로 구분할 수 있다.

업종별 산업유산의 세분화를 위해서는 또 다른 기준들이 필요하다. 산업유산 가치와 산업의 작동기능을 기준의 근거로 삼을 수 있다. 유산 가치는 '핵심자원', '중요자원', '주변자원'으로 구분하며, 산업작동기능은 '생산기능', '가공기능', '저장기능', '운송기능', '지원기능', '서비스기능'으로 분류할 수 있다.

세부기준 1 : 산업유산의 가치

① 핵심자원 : 해당 산업의 핵심적인 기능을 담당하는 자원(공간, 시설, 기계, 기술 등)

② 중요자원 : 핵심자원을 직간접적으로 지원하는 기능을 담당하며, 산업 작동체계의
　　　　　　필수적인 자원

③ 주변자원 : 유산 주변부에 분포하며 직접적인 영향을 미치지는 않으나,
　　　　　　유산에 대한 영향력은 매우 큰 자원

세부기준 2 : 산업의 작동기능

① 생산기능 : 원료를 직접 수확, 채굴, 어획하기 위한 생산지 또는 도구(기계류 포함) 등

② 가공기능 : 농림업의 정미소와 제재소, 염전과 양식장 등 수산업의 1차가공시설과 광업의
　　　　　　제련·선광관련 시설들, 조선업의 제작수리관련 시설들, 그리고 생산 증식을
　　　　　　목적으로 하는 각종 실험시설과 도구들이 포함. 제조업과 철강금속업에서는
　　　　　　생산과 가공기능이 동시에 발생하는데 각종 공장과 기계류, 이의 작동을
　　　　　　지원하는 동력생산시설 등이 해당

③ 저장기능 : 산업서비스업을 제외한 모든 산업 유형에서 나타나는 기능으로,
　　　　　　특히 물류운송업(철도, 항공, 육상, 해상)에서의 잠재력이 큼

④ 운송기능 : 산업 전반에 걸쳐 포괄적으로 나타남. 광업, 물류운송, 조선업에서의 수송용
　　　　　　레일과 물류운송업에서의 하역시설들, 그리고 전기에너지업의 배전시설,
　　　　　　가스공급시설, 전기탑 등 에너지 이동을 담당하는 각종 시설들로 구성

⑤ 지원기능

– 생산지원 : 산업 전반의 재료공급과 제품저장기능을 담당(농림업에서 농수로, 수차,
　　　　　　와이너리 등과 광업에서 세척시설, 변전시설 등)

– 안전지원 : 수산업과 관련된 방파시설과 항구시설 등

– 생활지원 : 주로 광업이나 철강금속업 등 대규모 종사자들의 생활지원기능
　　　　　　(사택단지, 여가 및 교육시설, 복지시설 등)

⑥ 서비스기능 : 각종 산업 활성화를 지원하는 행정, 금융, 인프라 및 상업관련 서비스시설

1차산업

농림업

농림업 관련 산업유산에서 핵심자원은 생산기능을 담당하고 있는 농경지와 재배지이며, 생산지원기능을 하는 농수로와 펌핑시설, 가공기능을 하는 정미소와 잠실, 고도의 설비를 갖춘 저장기능 관련 자원들도 이에 포함된다.

농림업 관련 유산은 환경 자체가 유산인 경우가 대부분이며, 이러한 경우 체험형 산업관광의 형태로 발전하는 것이 일반적이다. 또한 유산이 생산과 관련된 공정과 강하게 결합하여 남아있거나 지역 전체에 걸쳐 분포하는 경우, 지역재생의 효과가 강하게 나타나는 특성을 보인다.

그러나 산업시설의 분포가 개발지역이거나 개발이 활발한 도시의 근교 지역에 입지하는 경우에는 산업유산으로 보호 또는 재활용하기가 용이하지 않으며, 이러한 경우 비교적 외형의 상징성이 강한 단일시설(저장기능, 펌핑기능, 가공기능 등)만 재활용되는 경우가 많다. 최근 우리나라에서는 농협 소유의 오래된 곡물창고들을 문화·상업시설로 리모델링하는 경우가 확산되고 있다.

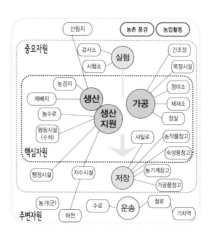

영국유산이 된 곡물창고, 그레이트 반

수산업

수산업 관련 산업유산에서 핵심자원은 어획 활동을 돕는 각종 시설과 공간들이며, 저장기능의 수산물창고와 소금창고, 가공기능을 가진 염전, 하역지원기능의 운하, 선창, 물양장 등이 산업유산에 포함된다.

수산업 관련 유산들은 항구(포구)를 중심으로 분포되어 있기 때문에 항구도시의 지역재생과 밀접한 관계를 가지는 경우가 많다. 이 때문에 전 세계적으로 항구의 산업유산들을 보전하거나 리모델링을 통해 항구 본연의 특성을 강화하고 새로운 기능들과 융합을 시도하는 재생 사례들이 증가하고 있다.

수산업 기능이 쇠한 항구도시들은 주로 어류 또는 관련 물품을 일시 보관하던 저장시설(군)과 생산시설(군)을 리모델링하여 식음시설, 판매시설, 주차시설 등으로 재활용하는 경우가 많다. 또한 항구의 선창(피어)과 수산시장을 해당 항구의 고유한 바다풍경과 결합해 문화관광의 매개체로 삼는 경우도 있다. 수산업 관련 항구의 산업유산들과 내륙 배후지가 운하, 해안로 등으로 결합되어 있거나, 항구풍경 자체가 옛 모습을 가지고 있는 경우 그 효과는 더욱 커지는 경향을 보인다.

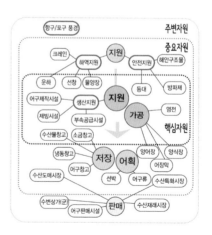

완전성과 진정성을 갖춘 신안 증도의 염전

광업

광업 관련 산업유산에서 핵심자원은 채굴과 제련기능 관련 자원들이다. 광물 오염이 되지 않은 건축물 형태의 관련 자원들은 폐광 후 진행되는 광 오염원 제거 기간에 우선적으로 재활용되기도 한다. 광업 관련 산업유산 은 광산의 입지 특성으로 인해 노천채굴장, 수직채굴시설 등과 같이 자연 과 어우러져 있는 유산과 대형 구조물 형태의 크레인 시설이 보존대상으 로 분류된다. 이외에 제련 및 선광시설, 광산촌을 이루었던 생활지원용 자 원들은 대부분 재활용 대상으로 분류된다.

광업 관련 유산들은 비교적 규모가 크고 훼손되거나 낡은 상태이지만, 원 형이 그대로 남아있는 경우가 많다. 특히 채굴 ⇨ 반출 ⇨ 저장 ⇨ 운송(1 차) ⇨ (제련) ⇨ 운송(2차) 등의 산업공정이 단일 지역(단지)에 온전하게 남아있는 경우 재생 가능성이 매우 높다. 또한 광업과 연계된 화물철도가 존재하여 창의적인 재활용으로 이어질 경우 산업유산으로서의 재활용 가 치가 더욱 커지기도 한다.

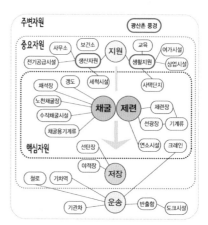

독일 루르지역의 심장이 된 촐페라린 광산의 수직 크레인

2차산업

제조업

제조업 관련 산업유산에서 핵심자원은 공장(군)과 함께 해당 공장의 랜드마크시설(연소시설 등)과 첨단산업기술이 접목된 기계장치들이다. 각종 건축물로 이루어진 공장(군), 창고(군), 각종 지원시설들은 재활용되는 경우가 많은 반면, 기계 관련 시설들은 원형 그대로 보존되는 것이 일반적이다.

제조업 관련 유산은 공장(군) 단위의 형태로 원료수급과 제품반출에 유리한 항구나 하천을 끼고 발달한 경우가 대부분이다. 이때 지역의 주요 산업으로 기능하였거나 경관적으로 특이성을 가지고 있는 경우에는 재활용될 확률이 높아진다.

제조업은 재활용을 통해 지역재생 효과가 가장 크게 나타나는 업종이다. 근대기에 번성했던 산업(방직, 방적, 식품(초콜릿, 밀가루, 통조림, 설탕 등), 주류(맥주, 청주, 막걸리 등), 기타(자동차, 도자기 등))들이 쇠퇴하면서 남겨진 기둥이 없는 공장(군)들을 문화, 전시 등의 용도로 전환한 성공적인 재생 사례가 전 세계 곳곳에서 등장하고 있다. 특히, 제조업 관련 시설들은 시설 자체의 견고함은 물론, 다양한 부속시설들을 보유하고 있어 더더욱 재생 효과가 크게 나타난다.

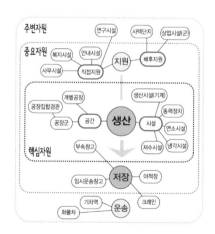

타이베이의 도심 속 문화지대, 화산 1914 창의단지

조선업

조선업 관련 산업유산에서 핵심자원은 제작 및 수리기능과 관련된 자원들이다. 핵심자원 중 재활용이 가장 활발한 자원은 작업공간인 도크와 지원공간인 조선소 내·외부에 입지하는 창고형 공장들이다. 도크는 석조(콘크리트조)로 이루어진 반지하의 오픈형 공간이라는 속성 때문에 문화여가시설로의 재활용이 비교적 용이하다. 특히 창고형 공장은 내부 기둥이 없기 때문에 전시, 공연, 주차기능들을 접목한 다기능시설로 재활용하는 경우가 증가하고 있다.

전 세계적으로 조선시설(소) 전체를 재활용한 경우는 없지만, 조선시설 부분을 재활용하여 간접적인 재생 효과를 거두고 있는 사례는 많다. 수리시설이었던 도크의 재활용이 대표적이다. 특히, 조선소가 입지하고 있는 항구와 가깝거나 함께 있는 경우, 조선시설의 재활용을 통한 재생 효과는 매우 높게 나타난다.

조선업은 수산업과 같이 항구지역에 대부분 위치하기 때문에, 항구쇠퇴지역의 재생사업과 연계할 수 있는 잠재력을 품고 있다.

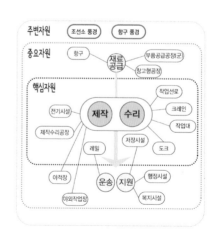

우리나라 최초의 조선소, 영도 다나카조선소

철강금속업

철강금속업 관련 산업유산에서 핵심자원은 고로 등의 생산시설, 연소 및 냉각시설 등이다. 절대적인 보존과 함께 오염 및 안전 문제만 해결된다면 다양한 방식으로 재활용될 수 있다. 주변자원에 속하는 사택단지와 상업시설군, 기차역과 항구 등의 운송시설들도 산업유산으로서의 가치가 높은 편이다.

철강금속 관련 시설들은 비교적 규모가 크기 때문에 산업시설 자체를 환경공원, 철박물관, 전시체험장 등으로 전환할 수 있다. 특히 제철소는 건설, 조선, 자동차 등을 지원하는 기간산업기능을 담당하고 있으며, 많은 종사원을 고용하고 거대한 집합형 공장군을 이룸으로써 지역경제와 경관의 핵심적인 랜드마크로 자리매김할 수 있는 유산이다. 제철소의 연소시설, 용광로, 보일러실 등 수직형 시설들에 랜드마크 기능을 부여하여 지역 상징물로 활용할 수 있기 때문이다.

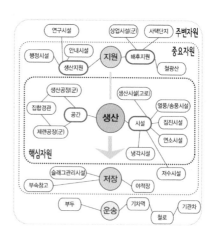

랜드샤프트 파크에서는 모든 것이 유산이다.

전기에너지업

전기에너지업 관련 산업유산에서 핵심자원은 수력과 화력발전 관련 자원들이며, 이동기능으로 분류되는 변전시설과 배전시설, 지원기능에 해당하는 교량 등은 중요자원으로 분류된다. 특히 발전소는 주변 자연환경과의 조화 정도에 따라 저수조, 수로 등의 각종 시설들을 산업체험의 현장으로 재활용할 수 있는 잠재력을 보유하고 있다.

전기에너지업은 산업 자체의 특수성 때문에 산업유산 차원에서의 재활용이 어려운 업종으로 알려져 있었으나, 화력발전소에서 근대미술관으로 재활용된 런던의 테이트모던미술관 사례를 통해 인식이 크게 변화하고 있다.

냉각수가 필요한 전기에너지업의 속성상 시설 대부분은 수변에 입지하여 산업유산의 장소, 경관 가치가 매우 뛰어나다. 이러한 특성을 수변의 휴양기능과 결합시킬 경우 지역 차원에서의 재생 효과가 강하게 나타난다.

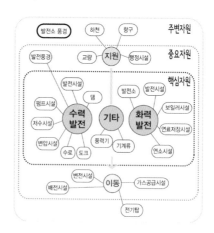

열병합 발전소였던 시애틀의 가스워크 공원

3차산업

물류운송업

물류운송업은 산업 전반을 지원하는 성격이 강하며 광범위한 지역을 연결할 수 있는 기능을 가지고 있다. 물류운송업에서 산업유산으로 인정할 수 있는 대상으로는 해양·화물철도·육로차량·항공 수송 등의 출발점이자 도착점이었던 철도역, 선창 및 부두, 터미널과 연결기능을 담당하던 교량과 터널, 그리고 열차, 선박, 자동차 등의 이동시설이 있다.

일반적으로 물류창고, 기차역, 물류 부두 등의 공간형 시설들은 재활용 대상으로 분류되며, 사일로, 관제탑, 교량, 등대, 갑문 등 랜드마크형 시설들은 대부분 보존대상으로 분류된다. 그러나 최근 사일로를 미술관이나 현대식 호텔로 개조하거나, 교각 하부를 영구적인 문화상업공간이나 시장과 같은 임시공간으로 재활용하는 등 랜드마크형 시설을 적극적으로 재활용하면서 재활용의 범위가 확장되고 있다.

다양한 지역에 산재되어 있는 유산의 특성상, 물류운송업은 시설 자체만을 재활용하기보다는 다른 산업유산들과 공간 및 경관적으로 결합할 경우 재생 효과가 더욱 빛을 발할 수 있다.

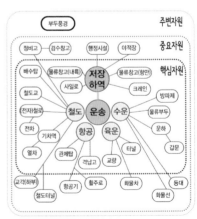

샌프란시스코의 여객수송을 위한 부두와 터미널

산업서비스업

산업서비스업 관련 산업유산에서 핵심자원은 근대기 산업도시의 핵심시설이었던 각종 금융시설과 콘크리트조 및 석조의 인프라시설이다. 산업서비스업은 서비스 기능 관련 자원들을 제외하면 대부분 건축물이 많으며, 이들은 대부분 재활용 대상으로 분류된다.

산업서비스업 관련 산업유산들은 산업 지역의 배후지인 오래된 도심과 그 주변부에 산재하여 분포하는 경우가 대부분이기 때문에 다른 재생사업들과의 연계가 쉬운 편이다. 따라서 해당 지역의 공간 및 경관과 관련한 명소들이나 관광자원들에 대한 네트워킹의 유무와 그 질적 수준에 따라 재생의 성공 여부가 결정된다. 금융, 행정기능을 담당하던 산업서비스업 시설들은 석조건축물인 경우가 많아 재활용이 쉽고 재생 효과도 큰 편이다.

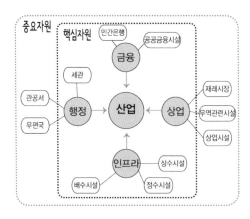

항구와 연접된 기타큐슈 모지항의 오래된 세관

산업유산,
그 속에 펼쳐진
다양한 생각들

산업유산이 세계 도처에서 새로운 얼굴로 등장하고 있다. 우리나라도 최근
10여 개가 넘는 산업유산들이 지역의 명소가 되었다. 이는 산업시설의 재
활용이 지속가능한 개발이라는 시대 흐름에 부응하여 퇴락한 지역경제 활
성화를 위한 새로운 지역재생의 장치로 활용되고 있음을 보여준다.

21세기에 접어들면서, 산업유산의 재활용에 대한 논의와 관심이 왜 급격
하게 커져가고 있을까? 아마도 가장 큰 이유는 산업유산이 가진 '공간 활
용성'이 아닐까 한다. 산업유산은 대부분 내부에 기둥이 없고 천정고가 높
은 메가스트럭처 mega-structure 구조를 가지고 있기 때문에 다양한 기능으로
활용할 수 있는 무한의 가능성을 갖고 있다. 또한 어느 정도의 변화를 줄
수 있는 등록문화재이거나 비非 문화재인 경우가 많아 창의적인 변형이 가
능하다. 특히 산업유산은 단일시설로 존재하기 보다는 여러 시설이 집합적
으로 모여 있는 경우가 많아 도시문화관광과 연계할 수 있는 신개념의 도
시자산이라 할 수 있다.

두 번째 이유는 '입지'와 관련된다. 산업유산은 지역을 기반으로 하는 산업

과 밀접한 관계를 맺고 있고, 입지적으로 기능 쇠퇴 후 버려진 땅을 칭하는 '브라운 필즈 brown fields', 즉 낙후된 도심이나 쇠퇴하는 항구 지역에 집중적으로 분포한다. 따라서 산업유산은 지역성이나 지역문화를 주제로 하는 재생의 가능성을 열어갈 수 있는 잠재력을 보유함과 동시에 지역의 새로운 활성과 재창출을 유도하는 실마리로 사용되는 것이다.

세 번째는 산업유산에 내재된 '장소적인 특성'이다. 산업유산은 대부분 해당 지역에서 번성했던 지역산업과 맥을 같이 하며, 지역민의 생산구조 및 생활양식과 연관성을 가진다. 따라서 산업유산은 근대 기억과 현대의 삶이 함께 공존하는 지역문화의 매개체다. 또한 장소 마케팅 place marketing 차원에서 지역 향수를 불러일으킬 수 있으며, 이러한 속성은 지역문화의 융합적 발상을 요구하는 시대 트렌드와도 일치하는 것이다.

마지막은 산업유산의 '이미지'로, 어떻게 보면 가장 중요한 이유일지도 모른다. 산업유산은 돌, 시멘트, 콘크리트, 철, 나무 등 대부분 거친 질감의 외피를 가지고 있다. 이러한 질감의 산업유산이 섬세하고 세련미를 추구하는 문화 및 예술과 만날 때 극명한 대비효과를 불러일으킨다. 흔히들 말하는 빈티지 vintage 문화, 리트로 retro 문화와 연관성을 가지는 것이다.

산업유산이 주목받는 이유를 네 가지로 정리해보았지만, 사실 각각의 산업유산이 보이는 양상은 저마다 다르기도 하고 복합적이다. 산업유산은 업종의 종류와 유산의 상태에 따라 쓰임새가 달라지기도 하고, 유산마다 지니고 있는 역사적 가치의 차이에 따라서도 구별된다. 세계유산이나 국가문화재 수준의 가치를 가진 산업유산은 대부분 보존 또는 소극적인 재활용에 그친다. 부분적으로 문화재적 가치를 가진 산업유산은 해당 부분의 원형 보존을 전제로 적극적인 변화를 도모하며, 외관의 온전한 형태가 중요한 경우에는 외형은 보존하되 내부는 180도 바꾸어 사용하기도 한다. 보존 가치가 떨어지는 경우에는 전체 골격과 요소들만 재활용하고, 증축이나 리모델링을 통해 새로운 공간으로 재활용하기도 한다.

그러나 재활용의 수준과 방향을 정하기가 어려운 산업유산도 있다. 규모가 너무 크거나 시설 자체와 기계장치가 복잡하여 미래 용도를 결정하기가 어려울 경우, 섣불리 판단하고 손대기보다는 과감하게 '방치'의 방식을 선택하기도 한다. 미래에 제대로 된 활용을 위한 장기적인 포석인 것이다. 산업유산의 재활용에 있어 가장 최근 경향의 키워드는 '다중多衆'과 '자율自律'이라 정의할 수 있다. 주관과 개성을 가진 다양한 사람들이 하나의 장에 모여 자유롭게 활동할 수 있는 공간이 바로 산업유산이다. 유산 자체의 가치 표출과 동시에 문화예술을 향유하는 공간, 시민 교육과 학습의 현장, 임시적이나 창의적인 다목적 장소 등 산업유산은 다양하게 재활용된다.

2018년 11월과 12월에 걸쳐 부산에 있는 F1963 석천홀에서 '폐산업시설 문화공간 국제교류전'이 열렸다. 부산지역 최초의 산업유산 아카이브와 관련 예술작품들을 시민에게 소개하는 의미 있는 자리였다. 운 좋게도 필자가 아카이브를 위한 분류를 맡게 되었다. 공학자로서의 시선이 짙게 배어 다소 딱딱한 경향이 있었는데, 전시 기획자였던 문희채 큐레이터가 분류 체계를 맛깔나게 다시 정리해주었다.

절대적 보존이 필요한 곳.
산업유산의 가치를 생각하다.

절대적 보존은 산업의 역사성과 건축 예술성이 뛰어난 산업유산을 대상으로 이루어진다. 세계유산에 등재되어 있거나 해당 국가 차원에서 문화재로 지정된 유산들이 대부분이다. 이런 경우 유산 자체의 절대적 보존을 전제로 공간 자체를 학습 및 교육의 장으로 재활용하는 것이 일반적이다.

① 옛 모습 그대로

산업혁명과 관련하여 조성되고 형성된 산업유산들중 세계유산으로서의 탁월하고 보편적인 가치를 보유한 산업유산은 옛 모습 그대로 보존된다.

근대주의 공장건축의 표본 ©유네스코세계유산센터 _ 판넬레 파브릭(Van Nelle Fabriek), 로테르담/네덜란드

벽돌창고와 운하의 모습이 그냥 그대로 _ 슈파이셔 슈타트(Speicherstadt), 함부르크/독일

대표적인 예로는 네덜란드 로테르담에 있는 '판넬레 파브릭 ^{Van Nelle Fabriek}'이 있다. 판넬레 파브릭은 커피와 차를 가공하던 1920년대 조성된 20세기 전반의 근대주의 산업건축물의 전형으로, 2014년에 세계유산으로 등재되었다. 독일 함부르크에 있는 '슈파이셔 슈타트 ^{Speicherstadt}'도 마찬가지다. 슈파이셔 슈타트는 19~20세기 초반에 건립된 함부르크의 군집형 창고와 운하로 이루어져 있는데, 관세무역지대의 산업풍경인 벽돌창고와 운하의 모습이 그대로 남아있는 것이 인상적이다.

② 보존과 개발의 조화를 꿈꾸며

유산의 보존을 전제로 재활용되는 산업유산으로는 산업유산 자체를 이용한 특수목적의 박물관(아카이빙센터)이나 기념관 등이 있다.

일반적으로 산업시설이 보유한 문화재적 가치 전달, 해당 산업의 공정과 관련된 체험 및 관찰, 유산의 고유기능과 연계한 문화 및 예술 활동을 학습하는 교육 현장으로 재활용된다.

아무런 변화가 없어 보이는 졸페라인
_ 졸페라인 산업콤플렉스(Zollverein Industrial Complex), 에센/독일

독일 에센의 '졸페라인 산업콤플렉스 Zollverein Industrial Complex '는 산업혁명기 독일을 대표하는 바우하우스 건축기법으로 조성된 폐광산이다. 졸페라인의 외관은 예전 모습을 간직하고 있지만, 현재 디자인 중심의 복합문화단지로 재활용되고 있다. 일본 토미오카의 '토미오

원형으로 보존되어 있는 제사 기계시설들
_ 토미오카 제사장(Tomioka Silk Mil), 토미오카/일본

카 제사장 Tomioka Silk Mil '은 메이지 시대에 생사 生絲 를 대량 생산하던 관영 공장으로, 공장시설이 원형으로 보존된 살아있는 산업박물관이다.

③ 물의 흐름을 살려

원료 반입과 생산품 유통 등을 담당하는 산업시설의 경우, 이동이 편리한 수변 지역에 위치한다. 강과 바다에 연접한 부두시설, 저장시설, 수산지원 시설 등과 하역과 유통 목적의 운하, 도크 등의 물류지원시설이 주로 해당 된다. 일본 홋카이도 서부에 있는 오타루 지역에 위치한 오타루 운하와 창 고는 청어 하역과 저장을 위해 사용되다가 1960년대 말부터 1970년에 시

오타루에 이곳이 보존되지 못했더라면 _ 오타루 운하와 창고군(Otaru Canal & Warehouses), 오타루/일본

민보존운동을 통해 보존되었다. 현재는 오타루의 대표적인 관광명소로 자리매김하였다. 영국 리버풀의 '알버트 도크 The Royal Albert Dock Liverpool'는 19세기 중반 차와 커피 등을 비롯한 벌크 화물의 하역과 저장을 위한 도크로써, 방화^{放火} 기능을 가진 최고의 시설 수준을 보유하고 있었다. 현재는 리버풀의 문화전시와 관광여가 활동의 거점으로 재활용되고 있다.

비틀즈의 'Let it be'가 들려오는 도크 _ 알버트 도크(The Royal Albert Dock Liverpool), 리버풀/영국

④ 다음을 기다림

재활용의 가치는 풍부하지만 아직 작동 중이거나, 작동은 멈추었지만 재활용의 구체적인 방향이 결정되지 못한 유산은 다음을 기하며 유보 상태로 두게 된다. 일반적으로 (재)개발 등으로 인한 해체 위기가 발생하지 않을 것으로 예상되거나 해당 도시(지역)의 문화예술 주체들의 다양한 실험이 지속될 수 있는 여건을 가진 유산들이 이에 해당한다. 대표적인 예로 일본 나가사키 지역의 '군함도 Hashima Island '가 있다. 군함도는 19세기 후반부터 미쓰비시 그룹이 석탄을 채굴하기 위해 개발 및 탄광 사업을 실시했으나 1974년에 폐광된 해저탄광이다. 태평양 전쟁 중 강제동원이 자행되었

군함도는 조용하다 _ 군함도(Hashima Island), 나가사키/일본

던 현장이기도 한 군함도는 2015년에 세계유산에 등재되었으며, 현재는 고고학적 산업경관이라는 명목으로 방치되어 관광상품으로 개발 중에 있다.

독일 자르란트 지역에 있는 '필클링겐 제철소 Völklingen Ironworks'는 1873년부터 1986년 가동을 중지하기까지 약 100여 년 동안 유럽 철강산업에서 핵심적인 역할을 해왔다. 필클링겐 제철소는 19세기와 20세기에 건설된 서유럽과 북미 지역의 종합제철소 가운데 유일하게 손상되지 않은 사례인데, 이는 가동을 중지하자마자 현장 보존작업에 착수하였기 때문이다. 현재는 필클링겐을 대표하는 야외산업박물관으로 이용되고 있다.

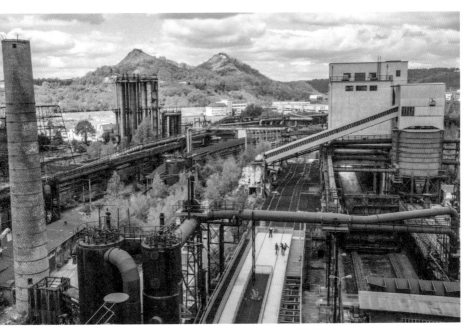

1%의 변화도 허락지 않은 곳 ⓒ유네스코세계유산센터 _ 필클링겐 제철소(Völklingen Ironworks), 자르란트/독일

보전과 활용의 균형이 요청되는 곳.
무엇을 통해 재생할 것인가

보전과 활용의 균형은 산업유산의 공간과 시설 그리고 기계 등을 불가피하게 이전하거나 변형하되, 유산이 보유하고 있는 본질적인 산업적 속성은 최대한 살려 재활용할 때 이루어진다. 무엇을 보전하고 또 무엇을 활용할 것인가에 대한 선택적 판단이 매우 중요하며, 일반적으로 지역민들의 삶의 수준을 높이기 위한 공간으로 재탄생된다.

① 생태문화공원

산업유산에 내재되어 있는 '집단(시설)의 공간성'과 '작동 시스템'이 강하게 인지되는 유산이 주로 해당된다. 온전하게 또는 부분적으로 남아있는 원료의 획득·저장, 가공·제조의 공정, 반출·저장 및 유통으로 연계되는 프로세스의 특이성을 보존하여 산업박물관이나 문화예술의 체험공원이나 교육장으로 재활용하는 경우가 대부분이다. 독일 뒤스부르크의 '랜드샤프트 파크 Landschaftspark Duisburg-Nord '는 1901년부터 1985년까지 운영된 독일 최초의 철강회사 티센의 옛 제철소이다. 1994년 랜드샤프트 파크로 탈바꿈하면서 현재는 제철 공정과 시설 특성에 착안한 특별한 시민생태공원으로 재활용되어 많은 이들의 발걸음이 이어지고 있다. 일본의 홋카이도의 '아르테 피아차 비바이 Arte Piazza Bibai '는 1992년 비바이탄광의 탄광촌(초등학교 일대)에 지역 출신의 세계적인 조각가 야스다 칸의 작품을 배치하여 친자연형 조각예술공원으로 재활용되었다.

식물이 어울리는 다시 살아난 제철소 _ 랜드샤프트 파크(Landschaftspark Duisburg-Nord), 뒤스부르크/독일

탄광의 아픈 기억은 모두 잊었다 _ 아르테 피아차 비바이(Arte Piazza Bibai), 비바이/일본

② 전시공간

공장이나 창고 등으로 활용되던 대형 건물이 랜드마크형 산업유산으로 남아있을 경우 해당된다. 비교적 천정고가 높고 기둥이 없는 산업유산의 구조적 특징을 감안하여 다양한 표현이 요구되는 예술작품이나 보존대상의 물품을 전시하는 장으로 재활용된다. 박물관, 미술관, 특별 전시시설 등으로 활용되는 것이 일반적이다. 대표적인 예로 영국 런던의 '테이트모던 미술관 Tate Modern Museum '은 1981년 폐업한 뱅크사이드 Bankside 화력발전소를 리모델링하여 2000년 개관한 미술관으로, 20세기 이후의 현대 미술품을 전시하고 있다. 밀레니엄 브리지로 템스강 북쪽과 연결되며, 테이트 모던의 상징인 스위스 라이트 Swiss Light 라고 부르는 굴뚝은 99m의 발전소 굴뚝을 반투명 패널을 사용하여 등대처럼 빛나도록 개조한 것이다. 일본

공간과 문화는 물론, 마음까지 연결했다 _ 테이트모던 미술관(Tate Modern Museum), 런던/영국

방직산업에서 자동차산업으로의 놀라운 진화
_ 도요타 산업기술 기념관(Toyota Commemorative Museum of Industry and Technology), 나고야/일본

나고야의 '도요타 산업기술 기념관 Toyota Commemorative Museum of Industry and Technology'은 도요타 그룹의 창시자이자 발명가인 도요타 사키치의 방직공장을 리모델링한 것이다. 이곳은 도요타 그룹의 핵심 기능인 섬유기계관과 자동차관으로 구성되어 있다.

③ 공연장

장애물이 없고 열린 구조의 실내공간을 가진 산업유산이 이에 해당된다. 공연장의 특수성을 고려하여 창의적인 리모델링 디자인이 적용된 증축을 통해 새로운 형식의 공연장을 창출하기도 한다. 원래 공간을 해체하거나 조정하지 않은 채, 상황에 따라 임시로 공연장으로 재활용하는 경우도 있다. 독일 함부르크의 '엘베필하모닉 Elbphilharmonie '은 항구재개발 지역인 함부르크 하펜시티 내의 코코아창고를 리모델링하여 2017년에 개관한 복합 공연시설이다. 하적장 창고인 옛 건축물 위에 새로 유리건물을 얹어놓았

공간 혁신의 대현장, 창고가 공연장으로 _ 엘베필하모닉(Elbphilharmonie), 함부르크/독일

파가니니의 마음과 정신을 담았다 ⓒAuditorium Paganini
_ 파가니니 음악당(L'Auditorium Niccolo Paganini), 파르마/이탈리아

는데, 이 때문에 '뮤직 크리스탈'이라고 불리기도 하며, 호주 시드니의 오페라하우스에 버금가는 공연장으로 평가받고 있다. 이탈리아 파르마의 '파가니니 음악당 L'Auditorium Niccolo Paganini'은 버려진 제당공장을 리모델링하여 2001년에 개관하였다. 90m에 이르는 공장 벽체와 공간구조를 재활용하였는데, 공장의 양쪽 벽은 보존하고 실내의 벽체를 제거한 뒤 새로운 유리로 벽으로 공연장을 재구성하였다.

④ 시민들의 휴식터

산업유산의 외형적 형상, 공간 구성, 시설 요소 등의 특수성을 고려하되 시
민활동의 활성화를 목적으로 새로운 기능을 부여한 유산이 이에 해당된
다. 산업유산의 업종과 용도에 따라 다양한 쓰임새로 활용이 가능한데, 이
때 해당 유산과 관련된 기획자, 설계자의 창의적인 시각이 매우 중요한 요
인이 된다. 시민활동이 집중되는 도심이나 특정 지역에 위치하여 보행 환
경을 조성하고, 여가 활동을 증진시킬 것으로 기대되는 유산이다. 미국 뉴
욕의 '하이라인 High line '은 버려진 고가철도를 리모델링하여 도심 속 공중
정원으로 재탄생하였다. 뉴욕 맨해튼 서쪽 허드슨 강변의 미트패킹지역에

고기 덩어리가 아닌 사람과 문화를 나르는 곳 _ 하이라인(High Line), 뉴욕/미국

육식품을 공급하던 고가철도는 1980년에 운행이 완전히 중단된 뒤 20여 년간 방치되었다. 뉴욕시는 '하이라인의 친구들 Friends of the High Line '이라는 시민단체와 의기투합하여 버려진 고가철도를 휴식과 문화예술을 즐길 수 있는 1.6km 길이의 시민공원으로 완벽하게 탈바꿈시켰다. 일본 나고야의 '노리다케의 숲 Noritake Garden '은 도자기회사 노리다케의 창립 100주년을 기념하여 노리다케의 공장과 본사를 리모델링하여 오픈한 시민공원으로, 문화관광·환경보전·지역사회 공헌활동이 동시에 이루어진 모범적인 사례이기도 하다.

노블레스 오블리주의 멋진 현장 _ 노리다케의 숲(Noritake Garden), 나고야/일본

⑤ 축제의 장

산업기능이 여전히 작동 중이거나, 작동은 멈추었으나 재활용의 구체적인 방향이 결정되지 못해 방치된 상태의 유산이 주로 해당된다. 또한 (재)개발 등으로 인한 해체의 위기가 없고 해당 지역의 문화예술 주체들의 다양한 실험이 진행되는 유산 역시 해당된다. 영국 런던의 '트루먼 브루어리 Truman Brewery '는 18세기에 조성된 맥주 양조장으로, 이를 중심으로 1990년대부터 예술가들이 모여들며 예술가 거리로 불리는 런던 동부 브릭레인 Brick Lane 에 입지해 있다. 현재는 다양한 분야의 젊은 예술가들의 작업실로 사용되며 문화예술 축제의 산실로 재활용되고 있다. 독일 함부르크의 '선데

런던의 뉴 라이프 스타일의 현장 _ 트루먼 브루어리(Truman Brewery), 런던/영국

함부르크 사람들이 일요일을 기다리는 특별한 이유
_ 함부르크 선데이 새벽수산시장(Hamburg Fischmarkt), 함부르크/독일

이 새벽수산시장 Hamburg Fischmarkt'은 1703년부터 매주 일요일 새벽에 열리는데, 함부르크의 가장 오래된 종합시장으로, 100여 년의 역사를 가진 야외 수산물 경매가 명물이다. 새벽시장이 열리면 실제 경매장은 각종 공연과 식음행사장으로 변신한다.

활용 지향적인 것.
다른 쓰임새를 찾아서

이 유형의 산업유산은 산업의 업종이나 기능별 특성을 고려하여 창의적인 아이디어와 새로운 역발상이 결합된다. 뛰어난 기획력을 바탕으로 이를 지속 가능하도록 지원하는 행정과 이러한 발상에 공감하는 다양한 문화예술그룹들의 참여와 시민들의 관심이 절대적으로 필요한 유형이다.

① 시민과 작가들의 삶이 있는 현장

생산과 생활기능을 겸하는 문화생산의 장으로의 활용은 주로 유산의 형상과 공간구성이 세분되어 있거나 반복되는 패턴을 가지고 있을 경우 가능하다. 소규모 공장이나 창고들이 단일의 단지를 이루며 집약적으로 분포하는 경우, 작가들이 머물 수 있는 레지던스 형식으로 재활용된다. 일본 가나자와의 '가나자와 시민예술촌 Kanazawa Citizen's Art Center '은 폐업한 방직공장의 창고 5개를 리모델링하여 1996년에 개관하였다. 시민들이 직접 유지·관리하는 연중무휴 시스템을 도입한 공공문화시설로, 시민들의 자발적 참여의 장으로 재활용되었다. 프랑스 파리의 '비아딕 데 자르 및 프롬나드 블랑테 Le Viaduc des Arts & Promenade Plantée '는 1969년 중단된 파리12구의 바스티유 빈센느 고가철교를 리모델링하여 상단부는 산책로로 활용하고, 교각 아래 64개의 볼트 부분은 장인들의 아트 갤러리를 조성하여 장인문화거리로 재활용되고 있다.

365일 24시간 살아 움직이는 가나자와 시민예술촌
_ 가나자와 시민예술촌(Kanazawa Citizen's Art Center), 가나자와/일본

고가철교에 대한 세계 최초의 역발상
_ 비아딕 데 자르 및 프롬나드 블랑테(Le Viaduc des Arts & Promenade Planteé), 파리/프랑스

② 문화와 휴식이 있는 특별 장소

새로운 기능과 활동, 경관, 시스템의 조화로운 만남을 통해 유산의 원原 기능과는 또 다른 새로움을 부여할 수 있는 유산이다. 집적된 공간과 시설에 어울리는 스타트업이나 벤처기업들의 인큐베이팅 공간과 창작활동을 하는 문화예술집단의 활동 장소로 재활용된다. 네덜란드 암스테르담의 '베스터 가스파브릭 Westergasfabriek '은 1903년 건설된 후 1992년 폐업한 가스공

가스저장소가 문화저장소로 변신했다 _ 베스터 가스파브릭(Westergasfabriek), 암스테르담/네덜란드

아이비가 어울리는 낭만적인 벽돌 광장
_ 구라시키 아이비 스퀘어 호텔(Kurashiki Ivy Square Hotel), 구라시키 / 일본

장으로, 시민투표를 통해 친환경 문화공원으로 재생된 곳이다. 공연·전시를 비롯하여 각종 행사장, 스튜디오, 음식점, 극장 등으로 구성된 문화공원은 물론이고, 벤처기업 사무실, 스타트업 회사들의 인큐베이팅 중심의 창의공원으로 재활용되고 있다. 일본 오카야마현 구라시키에 위치한 '아이비 스퀘어 호텔 Kurashiki Ivy Square Hotel'은 1889년 건설된 구라보 방적공장 건물을 리모델링하여 1974년 현대식 호텔로 오픈하였다. 공장의 대부분을 재활용하였는데, 특히 공장 중앙부를 제거한 후 1300㎡ 규모의 광장을 조성하는 등 일본의 보존적 리모델링의 지평을 연 사례로 평가된다.

③ 즐거움이 넘치는 상업 공간

현대적인 상업기능의 수용이 가능한 대규모 집단형 유산으로, 다양한 문화기능과 상업기능 등과의 접목이 가능한 유산들이 주로 해당된다. 하역, 저장, 유통과 관련한되고 산업경관의 특이성이 강하며 랜드마크적 성격을 보유한 유산들이 대부분이다. 유산 주변부에 다양한 지역자산들이 분포하는 경우가 많아 이를 체계화하고, 유산을 이의 거점으로 활용할 경우 재생 효과가 크게 나타난다. 프랑스 파리의 '베르시 빌라주 Bercy Village '는 파

와인의 향기가 흐르는 와인창고길 _ 베르시 빌라주(Bercy Village), 파리/프랑스

리 12구 베르시 지구에 위치한 거리로, 19세기부터 존재했던 대형 와인창고들의 특성을 활용하여 상가, 레스토랑, 와인바 등으로 사용한 독특한 분위기의 문화상업거리로 재활용되었다. 특히 와인을 나르던 레일이 과거의 모습 그대로 보존되어 있어 흥미롭다. 미국 샌프란시스코의 '기라델리 스퀘어 Ghirardelli Square '는 기라델리 초콜릿 공장을 리모델링한 미국 최초의 공장 재활용 사례이며, 피셔맨스 워프 Fisherman's Wharf 일대의 가장 매력적인 쇼핑가로 자리 잡았다.

미국 최초의 공장 재창조의 현장 _ 기라델리 스퀘어(Ghirardelli Square), 샌프란시스코/미국

경북산업유산을
둘러 봅니다

경북의 산업이 가진 특성과 위상

경북산업유산을 둘러보기에 앞서 경북의 산업에 대한 궁금증이 발동한다. 산업유산과 관련하여 대표 주자로 불리는 영국, 독일 등의 경우만 보아도 알 수 있듯 산업유산이 존재하는 대부분의 곳들은 과거 지역의 주력 산업들과 깊은 관계를 맺고 있다. 이처럼 지역과 깊은 관계를 가지고 있는 산업을 '지연 地緣 산업'이라고 부른다.

지연산업이 유산으로 인정받기 위해서는 반드시 '지역성'이 보존되어야한다. 또한 그 지역성은 필수적으로 지역민과 관계를 맺어야한다. 지역에서의 관심이 산업유산이 갖추어야할 첫째 조건이기 때문이다.

경북은 삼국시대를 거쳐 조선시대에 이르기까지 우리나라의 그 어떤 곳들보다 역사성이 강한 지역으로 알려져 있다. 특히 유교 문화에 의해 계승되는 각종 제례와 고유한 생활 문화와 관련된 산업이 발달하였는데, 이러한 특성은 의식주 衣食住 와 관련된 '특산물 생산 산업'과 연계되어 나타난다. 예를 들어 의 생활과 관련하여 명주 비단 , 삼베 등이 있고, 식생활과 관련하여 대대로 내려오는 각종 가양주, 막걸리, 인삼, 담배, 곶감, 마늘, 과일류, 채소류, 한우 등이 있으며, 주생활과 관련하여 춘향목, 전통기와 등이 있다. 즉, 경북은 특수 농(임)산물 생산지의 보고 寶庫 이며, 특히 명주(상주), 인삼(풍기), 마늘(의성), 고추(영양), 과일(문경, 청송, 경산, 성주, 영천), 곶감(상주, 청도), 안동포(안동), 춘양목(봉화), 담배(영양, 안동, 청송) 등은 전국적으로 이름나 있다.

이외 경북 지역의 산업사를 거슬러 올라가보면 다음과 같다.

'철도산업'부터 살펴보자. 1905년 경부선 철도가 개통되면서 전통적인 지역 체계에 큰 변화가 발생했다. 경부선이 통과하는 김천과 대구를 중심으로 지역 생활권이 개편되었고, 이로 인해 김천과 대구는 근대 철도교통 발달의 거점으로 기능하게 된다. 1942년 일제는 자원수탈을 위해 경상북도, 충청북도, 강원도 등에 걸쳐 서울에서 경주에 이르는 중앙선을 개통했다. 중앙선 개통 후 영주, 안동, 영천 등은 경북의 교통 요지로 떠올랐다. 특히 중앙선과 함께 경북선과 영동선이 교차하는 영주는 경북 내륙의 물류 유통의 거점도시로 발달하였다. 중앙선은 여객열차보다 화물열차의 운행이 많아서 산업철도의 성격이 강했는데, 물자의 유입과 반출이 활성적인 지역은 저장·판매·관리·지원을 위한 시설이 집중될 수밖에 없다. 이러한 점은 중앙선을 따라 형성되어 있는 경북의 물류유통업 발달과 관련된 유산들에 대한 조사의 필요성을 설명한다.

현재 문화재로 지정되었거나 알려져 있는 관련 유산으로는 안동역, 영천역, 화본역의 급수탑이 있다. 또한 1955년 산악 지형의 어려움을 극복하고 영주~철암간의 영암선(나중에 영동선에 포함)을 자력 건설하였는데, 가장 난공사였던 봉화의 승부역에 이를 기념하기 위해 세워진 영암선개통기념비도 있다. 철도 외에도 1972년 경부고속도로 개통과 관련된 다양한 유형의 교통 유산들도 차후 산업유산의 영역에 포함될 수 있을 것이다.

다음은 '탄광업'이다. 경북 문경은 강원도 정선, 태백과 함께 석탄산업이 가장 활발했던 지역이자 우리나라 석탄산업의 발상지였다. 1920년대 중반 남한 지역 중 문경탄광에서 가장 먼저 석탄을 채굴하기 시작했고, 1938년에 개광한 은성탄광은 1950년 설립된 대한석탄공사에 귀속되며 국영 탄광이 되었다. 1955년 문경선 聞慶線 이 개통되면서 탄광업이 활성화되어 무려 80여 개소의 탄광이 가동되었으며, 1950년대부터 폐광이 본격화된 1980년대까지 문경지역의 탄광은 국내 총생산량의 약 12%에 이르는 4000만 톤이 넘는 석탄을 생산했다고 한다.

현재 은성탄광이 있던 자리는 1999년부터 문경 석탄박물관으로 활용되고 있으며, 9.6km의 가은선(진남역~가은역) 폐선은 레일바이크가 운영되고 있다. 석탄유통의 거점이었던 가은역과 불정역은 등록문화재로 지정되기도 했다. 그토록 번성했던 탄광업 유산이 과연 이 뿐일까? 우리나라 탄광업의 발상지인 문경에 대해 집중적인 조사가 이루어져야 할 것이다.

이외에도 상세한 조사가 요구되는 산업이 있다. 우선 '수산업'이다. 울진, 영덕, 구룡포, 감포로 이어지는 경북의 해안선에는 크고 작은 포구들이 위치해 있다. 경북 해안선의 포구에는 남해안이나 서해안과는 다른 동해안 지역만의 독특한 유산들이 분명 있을 것이다. 이는 포구가 근대적인 모습의 항구로 변신한 이유나 지역의 수산 특산물인 대게와 과메기에 얽힌 유산의 존재와 흔적을 찾아나서는 것에서 산업유산 발굴의 실마리를 얻을 수 있다.

그 다음은 '제조업'이다. 구미 지역에 건설된 구미1공단은 1960년대 후반 전자산업을 주축으로 한 전문 단지 확보와 대구의 섬유산업과 연계된 수출산업의 육성을 위해 조성되었다. 1968년에는 우리나라 '철강산업'의 요람인 포항제철(㈜포스코)이 설립되었다. 현재 우리나라에서 철강금속업과 관련된 문화재는 포항의 삼화제철소 고로가 유일하다. 이는 1943년 고레가와제철 昰川製鐵 이 강원도 삼척에 설치한 8개의 소형 용광로 가운데 하나인데, 1993년에 포스코가 이를 인수하여 2005년에 등록문화재가 되었다.

구미1공단과 포항제철. 시간적으로 이미 산업유산으로서의 자격을 갖추었고 국제적인 관심을 끌 수 있는 산업유산 후보지이지만, 모두 운영 중이기에 유산을 논하기에는 쉽지 않은 상황이다. 무엇을 어떻게 선택해야 할지에 대한 답을 찾기 위한 최소한의 조사만이라도 시작해야 하는 시점이다.

정리하자면, 경북은 농림업과 광업과 연관된 '전통적 특수 작물과 자원 생산의 보고'이며, 대한민국 경제발전의 모태가 되었던 제조업인 '전자산업과 섬유산업의 메카'이자, 지난 50여 년간 독보적 입지를 구축해 온 '철강산업의 중심지'다. 이 세 가지 차원의 특성을 바탕으로 경북은 앞으로 우리나라 산업유산의 영역 확장에 있어 중요한 역할을 담당할 수 있을 것이다.

특수 농(임)산물 생산지의 보고
근대 철도교통 발달의 거점
내륙 물류유통의 거점지대
석탄 생산의 중심지
동해 수산업의 요지
국가 최초의 전자산업단지
세계 굴지 철강산업의 요람

국가적 위상을 가진 경북의 산업

경북산업유산의 다섯 가지 이야기

현재 경북산업유산은 총 16개이다. 개략적으로 농림업, 제조업, 산업서비스업 등 업종별로 구분할 수 있지만, 일부는 산업유산으로 보기에는 애매한 부분이 있기에 다섯 가지의 주제로 정리해보았다.

첫 번째는 '누에가 만들어 가는 하얀 세상'이다. (구)잠실과 잠령탑을 살펴보고, 은척면의 뽕나무와 명주 생산과 관련된 여러 이야기를 함께 다루어보았다. 두 번째는 '벼에서 쌀로 : 뜨거운 햇살에서 따뜻한 마음으로'이며, 풍국정미소와 묵상정미소의 이야기를 담아보았다. 세 번째는 '지역과 함께했던 민족의 슬로우 푸드, 막걸리'다. 경북 지역에는 유난히 막걸리 양조장들이 유산으로 많이 남아있는데, 영양탁주합동, 용궁합동양조장, 상주주조주식회사, 산양양조장 그리고 2017년에 등록문화재가 된 가은양조장을 살펴본다. 네 번째는 '지난 삶을 지켜준 고마운 이기利器들'이라는 주제로 노당기와, 성광성냥, 영주대장간의 이야기를 나누려 한다. 다섯 번째는 '경북은 조국 근대화의 산실이었다.'이다. 경북의 산업은 대한민국 근대화 과정과 긴밀하게 연결되는데, 관련하여 오운여상, 수출산업의탑, 코모도호텔 등을 중심으로 이야기를 풀어본다. 이외에 (구)상주백화점과 대죽공소는 간단하게 하나하나의 이야기로 정리하였다.

첫 번째 이야기

누에가 만들어 가는 하얀 세상

우리나라의 누에 전래 역사는 3,000년이나 된다. 사람들은 삼한 시대부터 누에치기를 소중히 여겼다 하고, 조선시대에는 왕후가 궁중에서 누에를 치도록 했던 「후비친잠법 后妃親蠶法」과 뽕나무 식재를 의무화한 「종상법 種桑法」을 제정하면서 양잠의 본격화가 이루어졌다. 〈잠상집요 蠶桑輯要〉, 〈잠상촬요 蠶桑撮要〉, 〈규합총서 閨閣叢書〉 등 양잠 기술을 다루는 서적 발간도 이러한 경향의 결과물이었다. 누에는 우리가 생각하는 시간을 훌쩍 넘어 선조의 삶 속에 자리했다.

누에는 누에나방의 애벌레다. 그런데 두 달을 채우지 못한 채 수명을 마친다. 알에서 다시 알로 돌아가는 시간이 이처럼 짧지만 누에의 일생은 파란만장하다. 고치가 되기 전 누에로서의 생명은 25일가량 지속되며 무려 4번이나 껍질을 벗는다. 체중은 까만 알로 시작할 때에 비해 무려 1만 배 이상 늘어난다. 네 번째 껍질을 벗는 때가 5령인데, 5령이 되면 누에가 노르스름해진다. 그래서 "누에가 익는다"고 말한다. 누에 나이를 뜻하는 '령'이란 말도, '익는다'는 말도 흥미롭다.

사전에서는 누에를 상잠 桑蠶, 잠아 蠶兒 라 표기한다. 알에서 깨어난 새끼는 묘, 검은 털을 벗지 못한 새끼는 의자 蟻子, 세 번째 잠을 자는 누에는 삼유 三幼, 27일 된 누에는 잠노 蠶老, 그 보다 더 늙은 누에를 홍잠 紅蠶, 번데기를 용 (踊), 성체를 아 蛾, 고치를 견 繭, 똥을 잠사 蠶砂 라 한다. 용어들이 복잡하고 바로 와 닿지는 않지만, 3,000여 년의 시간 동안 선조들의 지혜가 보태지고 쌓여서 만들어진 명칭이리라.

손가락 두 마디 크기에 2.5g의 무게를 가진 누에고치 1개에서 고치실이 무려 1,000~1,500m가 나온다고 한다. 믿어지지 않는다. 그렇게 느리고 느린 누에가 약 60시간 동안 생산한 것이라 하니 더더욱 믿어지지 않는다. 입으로 그 긴 실을 뽑아내는 일이 얼마나 힘이 들까. 1000m가 넘는 실로 둘

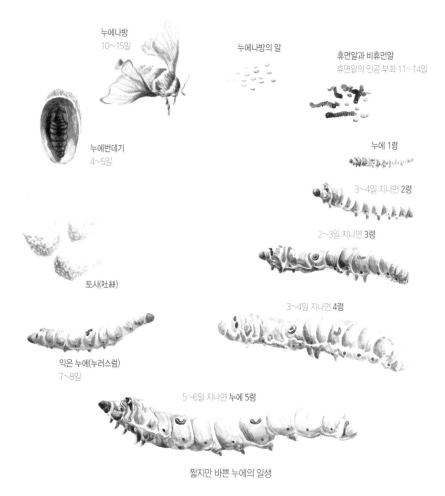

누에나방
10~15일

누에나방의 알

휴면알과 비휴면알
휴면알의 인공 부화 11~14일

누에번데기
4~5일

누에 1령

3~4일 지나면 2령

2~3일 지나면 3령

토사(吐絲)

3~4일 지나면 4령

익은 누에(누러스럼)
7~8일

5~6일 지나면 누에 5령

짧지만 바쁜 누에의 일생

러친 고치를 완성한 후 며칠이 지나면 누에는 번데기가 되고, 또 10여일이 지나면 나방이 되고, 결국 암나방은 다시 약 500~600개의 알을 낳고 죽는다. 그 일생이 참으로 가엾게 느껴지기도 한다.

이처럼 누에는 60여 일이 채 안 되는 짧은 삶을 온전히 사람에게 바치다 떠난다. 그래서 선조들은 오래전부터 불쌍한 누에의 영혼을 위로해 왔다. 기록에 의하면, 1471년 ^{조선 성종2년} 한해 누에농사의 풍요를 기원하기 위해 동소문 ^{東小門, 혜화문이라 부르기도 한다.} 밖에 선잠단 ^{先蠶壇} 을 짓고, 매년 음력 3월에 선잠제 ^{先蠶祭} 를 거행했다고 한다. 이는 농업의 풍요를 위해 지었던 동대문 밖에 지은 선농단 ^{先農壇} 과 유사한 배경을 가진다. 선잠단은 현재 복원이 진행되고 있다.

선잠단의 원형 모습(사적 제83호) ⓒ문화재청

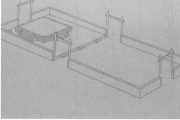

선잠단의 복원 과정(2018년 12월 현재)　　선잠단의 복원 후 모습 ⓒ문화재청

선농단과 선잠단. 농사와 양잠은 거의 같은 위상의 소중한 국가사업이라고 말할 수 있다. 이뿐만 아니라 왕실 차원에서도 양잠을 장려하기 위하여 왕후가 친히 누에를 치던 친잠 親蠶 의식을 행했다. 뽕잎을 따는 음력 2, 3월경에 뽕잎을 따는 친잠례 親蠶禮 와 5월에 고치를 거두고 씨고치를 잘 챙겨 간수하는 갈무리 의식인 수견례 收繭禮 가 있다. 1924년 6월 17일, 창덕궁 주합루 宙合樓 서편에 있는 친잠실 親蠶室 에서의 순정효황후 윤비 尹妃 친잠모습이 사진으로 전해진다. 그러나 기록에 의하면, 친잠은 조선시대 1411년 태종 11년 에 비롯되었고, 본격적으로 친잠을 의례화한 것은 1476년 성종 7년 왕궁 후원에 조성한 채상단 採桑壇 에서 실시한 것이 최초라고 한다. 이듬해인 1477년에는 이를 제도화한 「친잠응행절목 親蠶應行節目 」이 제정되었다고 하니, 친잠만 살펴보아도 양잠이 얼마나 중요한 국가산업이었는지 짐작할 수 있다.

주합루 서편 친잠실에서 행해진 순정효황후의 친잠
(1924.6.17) ⓒ한국학중앙연구원

지역에서도 유사한 의식이 행해졌다. 누에의 위령탑인 잠령탑 蠶靈塔 을 세우고, 봄누에 춘잠 가 시작되기 전 누에의 영혼을 위로하고 한 해 누에농사의 풍요를 기원하는 잠령제를 드려왔다. 경북에서는 매년 5월 '풍잠기원제'를 개최한다.

2018년 5월 2일, 함창명주테마공원 내 잠사곤충사업장에서 기원제가 열렸다. 하이라이트는 제례를 마친 후, 부화된 새끼누에에게 첫 뽕잎을 주는 순간이다. 조금 멀리서 보면 온통 초록색의 뽕잎들인데 순식간에 초록색이 검은색으로 변한다. 미세한 까만 점 같은 새끼누에들이 꿈틀거린다.

첫 뽕잎을 먹는 누에(2018년 경북 풍잠기원제 중)

풍잠기원제 풍경

1930년 대구 원잠종제조소에서의 잠령공양제 ⓒ경북잠업백년사

경북산업유산을 둘러 봅니다 |

잠사곤충사업장에서 풍잠기원제를 지내는 이유는 누에의 영혼을 기리는 '잠령탑'이 있기 때문이다. 잠령탑은 1930년 대구 신천동 원잠종제조소에 처음 건립되었고, 1962년 상주로 이전되었다. 비석은 보통 문화재인 경우가 많다. 하지만 상주의 잠령탑은 산업유산이다. 2013년 경북도가 산업유산 제도를 시작할 때 처음으로 지정된 것이다.

보통 비석의 글씨는 검정색이거나 비석과 동일한 색을 띤다. 그래서인지 잠령탑에 음각으로 새겨진 '잠령蠶靈'이라는 흰색의 글자가 눈에 띤다. 제주도 바닷가의 돌로 쌓은 기단 위에 새운 검은 돌의 비신이 세워져있다. 돌에 새겨진 흰색 글자를 보고 있으면 하얀색의 누에가 떠오른다.

상주는 삼백三白 의 고장이다. 흔히들 밀가루, 설탕, 소금을 몸에 좋지 않은 삼백식품이라 부르기도 하고, 하얀색 제품을 생산하는 제분, 제당, 면방직산업을 삼백산업이라 부르기도 한다. 그러나 상주의 삼백은 이와는 또 다르다. 상주의 삼백

잠령탑과 흰색의 잠령이라는 글씨

은 하얀 쌀, 하얗게 분이 난 곶감, 그리고 하얀 누에를 뜻한다. 상주는 1910
년대부터 전국에서 처음으로 누에고치의 공판과 제사공장이 건립된 곳이
고, 1970~80년대에는 전국 최고의 양잠 생산지였다. 지금도 전국 생산의
50%를 상회하며 그 맥을 이어가고 있다.

갑자기 의문이 생긴다. 조선시대 기록 속에서 상주는 양잠업 지역으로 크
게 부각되지 않는다. 그런데도 1910년대 일제강점기 초반부에 일제는 왜
상주를 누에고치 생산지로 육성했을까? 먼저 당시 일본의 상황을 살펴보
자. 메이지 시대 일본의 최대 수출상품은 생사 生絲 였다. 일본은 1858년부
터 생사를 수출하였고 1960년대까지 세계 최고의 생사 수출국이었다.

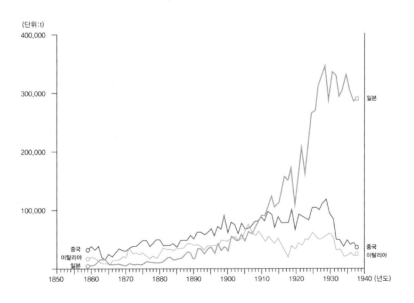

19~20세기 일본의 생사 수출 변천 ⓒ松浦利隆

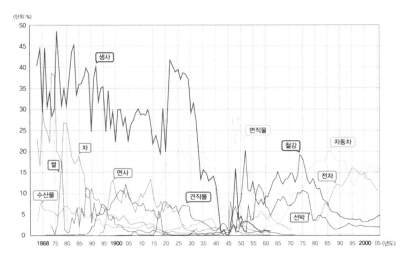

(단위:%)

근대화기 일본 수출 상품의 추이 ⓒ松浦利隆

수출로 벌어들이는 돈이 메이지 정부가 그토록 추구하던 근대화의 재원이 되었던 때로, 그들에게 생사 수출은 매우 중요한 일이었다. 1년에 2회의 고치 생산으로는 턱없이 부족했고, 1년에 여러 차례 고치 생산이 가능한 누에 저장법을 개발해 내는 등 누에고치의 증산을 향한 그들의 열망은 바다를 건너 조선으로 왔다.

조선 땅은 누에치기에 매우 좋은 기후조건을 가지고 있었고, 더군다나 누에치기의 전통 기술을 보유하고 있었다. 그들에게 있어 조선은 생사 수출량을 늘릴 수 있는 기회의 땅이었다. 1905년에 일본에서 이미 〈한국잠업조사결과보고 韓國蠶業調査結果報告〉와 〈한국토지농산조사보고 韓國土地農産調査報告〉가 보고서로 제작될 정도였다.

우리나라에서 처음으로 뽕잎의 품종개량사업에 착수한 곳은 대한제국 통감부 권업모범장이다. 이는 일본에서 재배한 뽕잎을 보급하기 위한 포석이었다고 할 수 있다. 일제는 1914년 권업모범장에 원잠종제조소原蠶種製造所를 설치하고, 이곳을 1917년에 잠업시험소로 개편하여 잠업연구사업을 본격화하였다. 1908년에 조사된 뽕밭 면적이 731ha였는데, 1940년에는 무려 84,000ha였다고 하니 생사 확보를 위한 일제의 전력투구를 새삼 절감할 수 있다. 일제가 생사원료공급지로 육성하기 위해 만든 양잠조합의 수가 1920년대에 전국 119개, 조합원은 41만 2730명에 이르렀다고 하니 이 또한 당시 상황의 증거라 할 수 있다.

한편, 1919년에 누에병 예방, 뽕나무 병충해 예방, 잠종제조 단속 등을 목적으로 하는 「조선잠업령朝鮮蠶業令」이 제정 및 공포되었는데, 이 법을 토대로 1921년 상주지역에 학교 한 곳이 설립된다. 바로 '상주공립농잠학교'였다. 전국 최초의 농잠학교가 세워진 곳은 농업관련 시설들이 집중되어 있던 수원이 아닌 상주였다. 1922년 3년제로 시작하여, 1940년에는 5년제로, 1943년에는 4년제로 학제가 바뀌면서 상주농잠학교는 양잠을 배우고 실험하는 전국 최고의 학교로 자리매김했다(현재는 경북대 상주캠퍼스).

상주농잠학교 전경 ⓒhttp://blog.daum.net/gu4280/14798(장안봉)

왜 상주였을까? 2000년대 초중반, 일본은 산업경제성 주관으로 전국의 산업유산에 대한 대대적인 조사를 시행한 뒤 2007년 근대화산업유산군 33개소를, 이듬해인 2008년에는 속績 근대화산업유산군 33개소를 발표했다. 총 66가지의 산업유산군 중, 13번째가 바로 '근대기 비단실산업製糸業 발전관련 산업유산(上州から信州そして全国へ : 近代製糸業発展の歩みを物語る富岡製糸場などの近代化産業遺産群)'이었다.

이 유산은 7년 뒤인 2014년 '토미오카 제사장과 실크산업 유산군 Tomioka Silk Mill and Related Sites '이라는 이름으로 세계유산에 등재된다. 누에고치에서 실을 뽑던 제사시설인 '토미오카 제사장富岡製糸場 ', 다지마 야헤이가 양잠법 발전을 위한 실험소로 사용했던 자신의 집이자 잠실蠶室 인 '다지마 야헤이 옛집 田島弥平旧宅 ', 1884년에 다카야마 초고로高山長五郎 가 양잠학교養蚕改良高山社 를 세우고 일본 근대 양잠법의 표준이 된 세이온이쿠 せいおんいく, 清温育 를 개발했던 장소인 '다카야마사 터 高山社跡 ', 누에알 부화시기를 조절함으로써 연중 누에치기의 길을 개척한 누에알 냉장 보관소인 '아라후네 풍혈荒船風穴 '까지 4곳이 묶여 세계유산에 등재된 것이다.

토미오카 제사장

다카야마사 터

아라후네 풍혈

다카야마 초고로가 세운 양잠학교인
다카야마사의 학생들

1973년의 상주 누에고치 공판장 모습
ⓒ경북잠업백년사

몇 년 전 군마현의 양잠업을 조사하면서 '다카야마사 터'를 방문했다. 그곳에서 사진 한 장을 보았는데, 통풍과 온도 조절을 통해 누에를 키우는 세이온이쿠를 배우던 학생들의 모습이 담겨있었다. 한반도에서 온 학생들도 있었다는 기록이 있어 혹시 사진 속에 선조들이 있을까 싶어 찾아보았지만 같은 옷을 입고 있어 분간하기 어려웠다.

학생들은 왜 이곳에 왔을까? 어디 출신이었을까? 다카야마사 연표 중 1911년에 조선실업단朝鮮実業團이 이곳을 방문했다는 기록이 있는데, 그 학생들이 실업단은 아닐까? 그렇다면 혹시 경북 상주 출신이 아닐까? 의문이 꼬리에 꼬리를 문다.

군마현과 상주시. 상주는 36.4109466, 군마현은 36.3906675로 위도가 36도로 거의 같다. 같은 기후대이며, 더군다나 높은 산지와 비교적 넓은 골을 가진 모습까지 닮았다. 두 곳 모두 뽕나무가 잘 자랄 수 있는 입지 조건을 가진 것이다. 이는 북위 43도선을 지나는 독일의 뮌헨, 미국의 밀워키, 일본의 삿포로가 맥주로 유명한 산지라는 점을 통해서도 유추할 수 있다.

2017년 여름, 언론 곳곳에 '경북에도 잠실蠶室 있습니다'라는 기사가 떴다.

서울 송파구 일대의 뽕나무밭이었던 '잠실'에 자리한 거대한 주거단지를 빗대어 표현한 말이다. 경북 잠실의 역사는 1970년대 후반부터 출발한다. 역사는 짧지만, 전통적인 잠업 형태를 고스란히 유지한 옛 잠실로, 양잠업의 산업역사와 생산문화의 보존 가치를 높이 평가받아 경북산업유산으로 지정되었다.

단층구조로 된 외관은 매우 허름해 보인다. 그러나 안으로 들어가 자세히 살펴보니 매우 과학적인 건물임을 확인할 수 있다. 누에 키우기에 적합한 온도와 습도를 조성하기 위해 벽을 흙과 짚으로 만들었고, 천정을 올려다 보니 빛과 온도를 유지할 수 있는 통풍구가 설치되어 있다.

잠실 지붕의 통풍구(외부)

잠실 지붕의 통풍구(내부)

잠실은 직사광선이 방안으로 들어오지 않는 북쪽이나 서쪽 방을 으뜸으로 여기기 때문에 통풍구가 존재하는 것이다. 다시 밖으로 나와 멀리서 잠실을 살펴보니 지붕에 자리잡고 있는 통풍구에서 지혜로움이 엿보인다.

잠실이 있는 곳은 상주시 내서면 노류리 유정 柳亭 마을. 누에 사육실이라 부를 수 있는 이 곳은 '상주잠상 蠶桑영농조합법인'의 주소와 일치한다. 잠실이 법인의 근거지인 셈인데, 잠실의 소유자는 김정용 대표다. 어머니(박차분)께서 잠실을 운영하였다 하니 김정용 대표는 2대째 가업계승자인 것이다. 경북산업유산 지정에 있어서 잠실은 김정용 대표와 동생 김길호 교수(경북대 생명자원공학과)의 제보로 발굴되었다.

김 교수는 어린 시절 누에치던 기억을 되살려 마을 인근에 현대식 누에 잠실을 짓고 누에를 키워내고 있다. 지역으로 돌아온 은퇴자들과 귀농인들을 위해 실습 교육도 하고 있는데, 조만간 자연 친화적이며 고부가가치 산업

김길호 교수

인 양잠업의 부활을 위해 마을기업에도 도전할 계획이다. 단순히 누에를 키우는 것에 국한하지 않고 뽕밭을 활용한 각종 친환경적 생산을 바탕으로 고단백질 식품인 번데기 생산, 누에 및 뽕잎을 이용한 기능성 식품 개발 등 양잠 부산물을 이용한 다양한 사업도 준비하고 있다.

춘잠春蠶을 맞아 김 교수의 누에 잠실을 찾았다. 봄과 가을 2회에 걸쳐 누에를 치는데 이를 춘잠과 추잠秋蠶이라 부른다. 누에는 일주일 정도 후면 알에서 성체가 된다. 깨소금보다 훨씬 작고 후춧가루보다는 크며 약 0.5mg정도의 털이 많은 까만색 새끼누에는 개미를 닮았다 하여 개미누에라고 부른다. 4일 정도 뽕잎을 먹고 나면 허물을 벗기 시작하면서 나이를 급하게 먹는다. 이렇게 누에는 뽕잎을 먹으며 4번의 탈피 과정을 겪는다.

그날은 누에가 본격적으로 고치치기를 시작하는 날이었다. 잠실로 들어서니 크게 두 부류의 누에가 있다. 여전히 누에거적 위에서 뽕잎을 열심히 먹고 있는 누에와 필사적으로 누에집을 짓기 위해 움직이는 누에다. 가까이에서 본 뽕잎의 모양이 참으로 단아하고 예쁘다. 전체적으로는 길쭉하고 둥근 타원형인데 가운데 부분이 잘록하다. 서너 갈래로 갈라진 잎의 끝부분은 정교하게 톱니 모양이었고, 수맥이 선명하고 표면은 거칠었다. 누에가 뽕잎만 먹는다고 하니 괜스레 그 맛이 궁금하기도 했다. 누에들이 정신없이 뽕잎을 먹는다. 주변이 조용한 밤이라면 사각사각거리는 소리가 들릴 것만 같다. 군데군데 줄기만 남겨 놓은 뽕잎들이 보인다. 1마리가 하루에 손바닥 크기의 뽕잎을 두 세장을 먹는다고 한다. 잎을 말아 합쳐보면 자신의 부피보다 클 터인데 먹성이 대단하다.

뽕잎을 먹을 만큼 먹은 누에들은 줄기를 잡고 고개를 든 채 부동자세를 취

뽕잎

하고 있다. 잠을 자고 있다고 한다. 어떤 누에는 어딘가로 필사적으로 꿈틀
거리며 기어오른다. 정말 급했나 보다. 뽕나무 줄기에다 하얀 집을 짓기 시
작한다. 어떤 놈은 마치 개선장군 마냥 줄기 끝자락 위에서 고개를 거의 수
직으로 들고 뭔가를 응시한다. 집 지을 곳을 찾나 보다.

누에는 5령이 되고 일주일 정도가 지나면 머리와 몸을 꼿꼿이 세운 채 좌
우로 흔들며 밖으로 나온다. 이때가 누에집을 지을 준비를 마친 것이다.
'령'이란 단어는 분명 누에의 나이를 뜻하는데, 자료를 찾아보니 '다섯잠누
에'라는 재미난 명칭이 있다. 외국에서도 five-molter, 五眠蠶, ごみんさ
ん라 부른다. 이쯤 되면 누에의 일생이 궁금하지 않을 수 없다.

누에나방의 알에서 (휴면)알의 인공부화 기간은 11~14일 정도라 한다. 이
때가 누에 1령이다. 3~4일 지나면 2령, 다시 2~3일 지나면 3령, 또다시
3~4일 지나면 4령이 되고, 5~6일 지나면 5령이 된다. 다시 7일 정도가 흐

누에거적 위의 5령 누에 　　　　　　누에가 오줌을 누는 순간

르면 누르스름한 익은누에가 된다. 잠에서 깬 후보다 약 만 배의 무게를 가진 누에로 대변신을 한 것이다. 이제 실을 토해낼 시간, 토사^{吐絲}의 시간이다. 토사 작업을 마친 누에는 4~5일이 지나면 누에번데기가 되고, 10~15일후면 누에나방이 된다. 그리고 다시 누에알이 탄생한다. 총 기간을 가장 길게 잡아도 55일 정도다.

김 교수가 토사 중인 누에를 소개한다. 누에집들이 마치 벌집을 닮았는데, 누에 아파트라 불러도 될 듯싶다. 신기하게도 한 마리가 한 칸씩을 차지한다. 초고층 아파트를 열심히 기어오르는 누에는 싸우지 않고 순서대로 토사할 집을 찾는다. 바닥에 까만색의 누에 똥들이 지천이다. 그런데 중간중간 물방울이 바닥에 떨어져 있다. 그게 오줌이란다. 누에는 일생의 단 한 번 오줌을 눈 후 약 이틀에 걸쳐 누에집을 짓는다.

성격 급한 누에는 벌써 집을 다 짓고 벌써 고치가 되어 있다. 몸의 약 40%

에 이르는 비단실을 뽑은 누에는 쪼그라들어 고치 속에 누워있다. 그냥 둔
다면 누에나방으로 살아갈 테지만, 누에는 고치와 번데기로 분리되어 인
간을 위해 희생된다. 맘이 그리 편치가 않다. 어린 시절, 삼각뿔 형태의 종
이에 담아주던 번데기가 그렇게 탄생된 것이라고는 꿈에도 생각하지 못
했다.

농민신문에 옛 시대의 상황을 설명하는 한형수의 칼럼이 실려 있다. "중학
교 종례시간. 선생님이 갑자기 출석부로 교탁을 '탁' 하고 칩니다. 주목하
라는 뜻이지요. "야, 누구누구! 수업료 안냈다 카데." "선생님, 누에가 '한
잠'도 안잤심다." "언제 낼끼고?" "누에고치 바치야지요." 그랬지요. 봄 학
기 수업료는 누에고치를 팔아야 낼 수 있었습니다. 봄누에(춘잠)는 그래도
양반이었지요. 뽕나무 가지째 낫으로 쪄다가 뽕잎을 훑어주면 됐지만 가
을누에(추잠)는 골무처럼 생긴 뽕칼을 손가락에 끼고 뽕밭에서 한잎 한잎

석빙고를 닮은 냉동고 : 상주공립농잠학교(1925년)

누에를 키우는 조선시대의 풍속화

따서 먹여야 했으니까요. 그래도 봄과 가을, 누에가 있어 학교에 다닐 수 있었습니다. 게다가 봄에는 혓바닥이 새카매지도록 단맛을 실컷 즐길 수 있는 오들개(오디)가 참으로 고마운 덤이었지요." 힘든 시절, 누에가 얼마나 고마운 존재였는지 글 속에 묻어난다.

김 교수가 모아둔 귀한 사진들을 보던 중 1925년의 상주공립농잠학교 교내에 석빙고를 닮은 냉동고 사진이 있다. 순간 깜짝 놀랐다. 자연형 누에알 냉장보관시설인 군마현의 아라후네 풍혈이 떠올라서다. 이미 그때 우리나라에서도 사계절 필요시마다 고치 생산이 가능했다는 소리다. 1962년까지 존재하다가 지금은 사라진 것이 아쉬울 뿐이다.

또 하나 흥미로운 그림이 있다. 고종이 독일 주치의에게 선물한 그림으로, 여인들의 양잠하는 모습을 담고 있다. 뽕잎을 따고 누에를 치는 모습이 생생하다. 18세기 무렵 선조들에 있어 양잠은 보편화된 산업이었던 것이다. 그림 속에 뽕나무가 그려져 있다.

창덕궁 경내에 천연기념물 제471호인 뽕나무가 살아있다. 혹시 친잠례를 할 때 잎을 땄던 뽕나무가 아닐까. 뽕나무가 궁궐 역사의 한 부분을 차지한다는 사실은 흥미롭지 않을 수 없다. 경북에도 문화재 뽕나무가 있는데, 경상북도 기념물 제1호로 지정되었다. 상주시 은척면 두곡리의 뽕나무로 300여 년의 세월을 자랑한다. 높이는 약 12m, 둘레는 2.75m의 노거수로 가지가 뻗은 지름이 6.3m에서 8.6m나 된다. 지금도 이 나무에서 생산된 뽕잎으로 누에고치 30kg을 생산할 수 있다고 한다. 나무 앞에는 1935년 상주군수 최병철이 세운 명상기념비名桑記念碑가 있다. 은척면의 뽕나무처럼 노거수 뽕나무는 그 지역의 양잠 역사를 설명하곤 하는데, 군마현의 뽕나무도 한때 세계유산 후보이기도 했다.

은척면 두곡리의 뽕나무(경상북도 기념물 제1호)

큰 뽕나무의 현존과 더불어 전국대비 경북지역의 뽕밭 면적, 양잠 농가율, 누에생산량 등이 모두 압도적이다. 누에사육 가구 332가구는 전국 대비 45%, 뽕밭 면적은 258ha로 전국 대비 54%에 이른다. 2017년도 누에 사육량도 5908 상자로 전국 생산량의 50%를 상회한다. 21세기 첨단의 시대에 양잠 농가가 아직 명맥을 이어가고 있다는 사실이 참으로 신기할 따름이다.

누에 사육(경북)

구분	2013	2014	2015	2016	2017
누에사육농가(호)	374	366	343	339	332
누에사육량(상자)	7,632	8,014	7,897	6,532	5,908

출처:농림축산식품부〈2017기능성 양잠산업 현황조사 결과〉

2017년 전국 누에사육 현황

시도별	누에사육농가(호)	뽕밭면적(ha)	누에사육량(상자)
계	735	480.0	11,624
제 주	–	–	–
대 구	1	0.4	30
광 주	2	–	–
세 종	–	–	–
경 기	32	40.0	528
강 원	31	23.5	118
충 북	60	26.2	522
충 남	61	16.2	916
전 북	78	49.3	967
전 남	69	24.2	725
경 북	332	258.4	5,908
경 남	69	41.8	1,910

출처:농림축산식품부〈2017기능성 양잠산업 현황조사 결과〉

장인을 만나고 싶었다. 수소문 끝에 함창면에 있는 '허씨비단직물'을 찾았다. 함창은 대대로 경북 양잠업의 주산지다. 서천 한산의 모시전, 안동의 베전골목이 오일장의 지명과 연결되어 한산모시와 안동포가 되었듯, 함창 명주 역시 함창오일장과 연결되어 이름이 붙여졌다. 장인과의 첫 만남을 잊을 수가 없다. 허호 장인은 시원해 보이는 명주옷을 입고 있었고, 마당에서 명주를 말리고 있었다. 은은히 비치는 명주 사이에 서 있던 모습 속에

경북산업유산을 둘러 봅니다 |

옛 선인들의 단아한 기품이 서려 있었다.

두 시간에 걸쳐 장인의 진솔한 이야기가 펼쳐졌다. 장인이 어머니 이야기를 불쑥 꺼낸다. 그에게 있어 1977년은 무척 중요한 해였다. 그 해에 모친으로부터 전통명주길쌈을 사사받았기 때문이다. 어머니가 오래전부터 사용하셨던 개량수족기 베틀이 직물사 1층에 전시되어 있다. 뿐만 아니라 연사기(실을 꼬아주는 장치), 합사기(실을 합쳐주는 기계), 날음틀(날실 감는 기계), 집조기(씨실 가는 기계) 등 오래된 기계들이 한 가득 전시되어 있다. 장인의 이야기가 개인적인 것에서 상주에 관한 것으로 확장된다. 상주는 2010년도에 국제 슬로시티 slow city 지정된 후 이에 발맞춰 2013년 명주테마파크를 완공했다. 이는 상주 양잠의 정체성을 재정립할 수 있는 기회이자 함창명주의 부활의 터닝 포인트가 되었다. 상주는 전통적인 15인치 38.1cm 명주를 생산하는 전국 유일의 지역이며, 150여 가구가 50ha가 넘는 뽕밭에서 연간 200여 톤의 오디를 생산하고 있다고 한다. 테마파크에서는 누에와 뽕잎으로 다양한 특산품을 지속적으로 생산하고 다양한 명주 원단의 생산과 의류 제작, 심지어는 누에가루, 누에환인 등 누에와 뽕잎 제품의 생산까지 이루어지고 있다. 장인의 설명 속에 지역사랑과 자부심이 느껴졌다.

2층은 허씨 부부가 사는 집과 공장으로 구분되어 있다. 공장 앞 데크 deck 에서 장인은 허씨비단직물의 탄생과정을 들려준다. 현재 허씨비단직물의 출발은 고치의 불량품에 해당하는 '옥견 쌍꼬치'에서 시작되었다고 한다. 불량품이 명물의 출발점이 되다니 묘한 일이다. 당시 나일론에 밀려 명주 생산과 판매가 위축될 때, 불량품인 옥견 쌍꼬치의 특징을 이용하여 다양

명주를 말리는 허호 장인

한 문양을 가진 새로운 명주를 개발했다. 그것이 양잠업을 새롭게 개척하는 계기가 되었다.

또 하나의 히트 상품은 바로 상주 삼백 중 하나인 감물을 들인 명주의 생산이었다. 감물이 든 명주의 색감이 신비롭다. 감물을 들이는 사람의 솜씨에 따라 전혀 다른 색감과 패턴이 만들어진다. 늘 같은 색의 명주가 아닌 또 진한 칼라를 가진 현대화된 비단도 아닌 한국적인 정감이 묻어난다.

장인의 아내 분이 뽕잎차를 내어오셨다. 집안 곳곳에 사진들과 상장들이 붙어 있다. 2013년에 경상북도가 선정하는 '경상북도 최고장인

감물 든 명주의 건조장

(섬유가공분야)'이라는 명패가 가장 눈에 들어온다. 장인은 문화체육관광부·한국관광공사가 선정하는 '지역명사와 함께하는 문화여행의 명사'로도 선정되셨다. 2018년 10월 5일에는 '2018년 경북문화상'도 수상하셨다. 1990년대 후반부터 전국 각지에서 수집한 전통 명주길쌈도구를 문화체험 관광의 소재로 활용하여 명주산업을 하나의 문화로 승화시킨 공로를 인정받은 것이다. 장인은 상주 양잠의 산증인과도 같다.

펼쳐진 감물명주

대화 말미에 정신이 확 드는 이야기를 해주셨다. 현재 명주실은 국산의 물량이 부족해서 중국, 베트남, 브라질의 실을 수입하여 사용하는데, 최근 들어 중국과 한국의 관련 인건비의 격차가 줄어들고 있다고 한다. 양국 간의 인건비 격차가 줄어든다면 우리나라에서 다시 누에사업을 본격적으로 시작할 가능성이 높기 때문에 미리 준비해야 한다는 것이다. 고개가 끄덕여진다.

한편, 국내 유일의 '명주짜기' 국가무형문화재였던 경북 성주군의 조옥이 장인(1920~2007)이 돌아가신 뒤 그 전승의 맥이 끊겼으나, 2017년에 국가무형문화재 제87호로 '명주짜기'의 보유단체인 경주시 양북면 두산리의 '두산손명주연구회'가 선정되었다는 희소식이 있다. 앞으로도 우리의 전통산업인 양잠의 부활을 위한 다양한 실험과 시도들이 지속적으로 이루어져 양잠산업의 부흥과 농가소득 증대에 기여할 수 있기를 간절히 바라본다.

벼에서 쌀로 :
뜨거운 햇살에서 따뜻한 마음으로

쌀은 우리의 주식이다. 쌀가마니와 쌀 창고는 부의 상징이기도 하지만 배고픔의 상징이기도 했다. 예로부터 집안의 행사나 명절에 항상 등장하는 떡과 술(막걸리) 또한 쌀에서 출발했다.

쌀이 부족해서 쌀로 만든 막걸리가 불법이던 시절도 있었고, 밀가루로 만든 떡을 먹었던 시절도 있었다. 시간이 흘러 이제는 밀가루 소비가 쌀을 위협하고, 탄수화물이 비만의 원인이라는 인식이 더더욱 쌀 소비량을 위축시키고 있다. 그럼에도 쌀은 우리에게 있어 상징적인 곡물이다. 몸에 좋다는 그 어떤 곡물이 등장한들 쌀을 대체할 수는 없다.

1970년대 즈음이었을까. 어린 시절, 살던 동네를 벗어나는 큰길가에 정미소가 있었다. 늦가을이면 정미소를 가장 많이 들락거리는 것이 리어카였다. 심지어 당나귀 수레도 있었다. 정미소는 리어카에 실려 온 나락을 쌀로 정미하기도 했지만, 가래떡을 뽑아낼 수 있던 떡방앗간을 겸하기도 했다. 늦가을이면 참새들이 정미소 앞에 몰려들어 "참새가 방앗간을 그냥 지나치랴"라는 말을 실감하기도 했고, 명절 무렵이면 가래떡을 뽑기 위해 쌀을 담은 둥글넓적한 양철 대야들이 정미소 앞에 수십 미터 줄지어있는 광경이 펼쳐지기도 했다. 막 뽑은 말랑말랑한 가래떡을 바로 먹기도 했고, 날이 추워지면 딱딱해진 가래떡을 구워 조청에 찍어 먹기도 했다. 어머니가 대야 위에 도마를 올려놓고 구덕구덕 해진 가래떡을 떡국용으로 얇게 썰던

풍경이 떠오른다.

쌀을 도정하는 털털거리는 소리가 나기 시작하면 누런 현미가 쏟아지고, 서너 차례의 껍질 벗기기 작업과 돌 고르기 작업을 마치면 하얀 쌀이 쏟아져 내렸다. 그게 햅쌀이었다. 정미소 아저씨의 눈썹은 늘 쌀겨로 누랬고, 정미소 안은 뿌연 안개 속이었다.

1980년대 까지 전국의 정미소는 자그마치 2만 개가 넘었다고 한다. 마을이나 동네마다 정미소는 필수적인 생활시설이었다. 도정 후 나오는 쌀의 양 때문에 가끔은 투닥거림이 오갔지만, 속이 빈 왕겨가 쌓이고 나무상자 속에서 벼가 계속 깎여 나오던 하얀 쌀을 기쁨으로 맞이하던 곳이었다.

풍국정미소

경상북도 영주시 영주1동 85-4번지에 '풍국정미소'가 있다. 풍국의 한자가 풍요로운 나라를 뜻하는 '豊國'이라면, 정미소 이름으로는 정말 근사한 이름이라 생각된다. 늦은 오후에 풍국정미소에 도착했다. 길가의 일본식 가옥의 여닫이문을 열어젖히니, 인자한 인상의 우길언 사장이 격하게 반겨주신다. 하루 종일 기다리신 모양인지 사무실에 들어서자마자 신나게 이야기를 쏟아내신다.

풍국 정미소를 3대째 이어오고 있는 우길언 사장은 큰아버지로 부터 승계를 받아 운영을 시작했다고 한다. 정선과 장성의 광업소에서 일을 하다 큰아버지의 요청으로 평생 밥을 굶지 않을 것이라는 기대감으로 영주로 돌아온 해가 1962년이었다. 1966년부터 본격적으로 승계 받아 정미소를 운영했다. 건축대장 상으로 풍국정미소의 건립 일자는 1966년이지만, 일제 강점기 때부터 실제 운영되었다. 풍국정미소는 영주에 있는 정미소 중 허가 1번이었고, 건물과 시설, 사무실 집기 등이 모두 옛날 방식 그대로 유지

풍국정미소의 역사적인 책상과 주판

풍국정미소의 우길언 사장

하고 있다. 하물며 사무실의 책상마저도 100년이 넘는 세월을 통과한 것이다.

정미소가 보고 싶어 속으로 안달이 났다. 사무실 뒷문을 열었더니 널찍한 마당이 나타나고 오래된 정미소가 보인다. 삭아서 구멍이 숭숭 뚫린 양철 벽의 모습이 정겹다. 여러 도정 기계들과 이를 지탱하는 목재 부목들의 오묘한 조화가 눈에 들어온다. 마당 왼쪽의 창고는 철문을 통해 나락 가마니를 실은 차가 들어오고 또 도정된 쌀가마니를 실어 내가던 중요한 곳이었다. 규모가 족히 20평은 넘어 보인다. 한창일 때 이곳에 나락을 얼마나 쌓아 두었을까.

본격적인 도정 과정에 대한 설명이 시작되었다. 나락을 투입하여 벼에 포함된 짚, 모래, 돌 등을 선별하는 데 이를 '정선'이라고 한다. 1차로 벼 껍질을 벗겨내면 왕겨와 분리된 누런 현미가 탄생하고, 다시 한번 돌과 같은 이물질을 제거한 후 현미의 표피를 깎아내는 몇 차례의 도정이 시작된다.

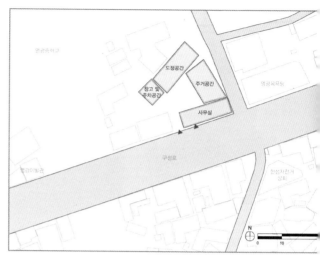

풍국정미소의 공간 배치

풍국정미소에는 정미기계들 외에도 보리방아, 밀방아, 돌 고르는 기계 등이 원형 모습 그대로 남아있다.

바퀴가 달린 저울이 눈에 들어온다. 도정한 쌀의 무게를 다는 저울이다. 보통 120킬로그램의 나락을 도정하면 80킬로그램 정도로 줄어든다. 농부도 도정 후의 무게가 줄어드는 것을 잘 알고 있지만 늘 야속함을 토로했다고 한다. 옛 시절 7분도 도정이 법으로 정해져 있었는데, 농부들은 가격을 더 받을 수 있는 10분도 쌀을 요구해서 곤란한 적이 많았다고 한다. 지금은 덜 깎은 현미가 건강식인데 격세지감이 아닐 수 없다. 질문이 이어진다. "5분도, 7분도, 10분도는 어떻게 구분하나요?" 현미는 왕겨만 벗긴 것이고, 5분도는 측면부를 깎은 쌀이고 7분도는 측면과 복면부까지 깎은 쌀이고 10분도는 쌀의 모든 부분을 깎은 것이라고 한다.

풍국정미소는 2016년에 영업을 중단했다. 어쩔 수 없는 선택이었다. 그렇지만 중단 후 또 다른 변화가 시작되고 있다. 2018년 문화재청과 영주시에서는 풍국정미소가 있는 일대를 근대문화지구로 지정하고, 풍국정미소를 등록문화재 제720-5호로 등록한 것이다. 등록문화재 제720호로 등록된 영주 근대역사문화거리는 그 규모가 정말 크다. 26,377㎡(153필지)에 이르는 이곳은 아마도 등록문화재 중 제일 클 듯싶다. 근대역사문화거리는 철도역사와 그 배후에 형성된 지역의 근대생활사 요소를 간직한 여러 건축물이 집적되어 있는 관사골에서 광복로 일대의 거리로, 영주의 근대생활사를 보여주는 역사문화공간이다. 풍국정미소를 포함하여 영주제일교회, 영광이발관, 영주역5호 및 7호 관사, 영주동 근대한옥까지 총 6개소의

등록문화재 제720호로 등록된 영주 근대역사문화거리

풍국정미소 내부

풍국정미소 마당과 철문 풍경

등록문화재가 동시에 등록되었다. 뭔가 기대감이 밀려온다. 다른 것은 그렇다 치더라도 정미소와 이발소가 포함된 것은 근대문화유산에 대한 영주의 혜안이 돋보인다. 풍국정미소가 어떤 모습으로 변할까? 분명 쌀과 쌀 유통이나 정미를 주제로 하는 재미난 곳이 되리라 생각한다.

또 한 곳의 경북산업유산인 정미소를 찾아 나섰다. 상주시 사벌면 묵상리 114번지에 있는 '묵상정미소'다. 현재 안재현 대표가 소유주다. 상주시의 도심에서 북동쪽에 있는 매악산 아래에 자리하고 있다. 근처 지역으로 접어드니 길 양옆으로 농경지들이 넓게 펼쳐져 있다. 특이하게 산자락에 경지 정리가 되지 않은 논들도 보인다. 바로 옆이 낙동강이라 그런지 병성천, 동천, 외서천과 이름 모를 물길들이 지나간다. 근처의 엄암리와 매협리, 그

묵상리 일대의 공간구조 ⓒ다음지도

리고 묵상리 전체가 낮은 산으로 둘러싸인 분지형 농경지를 이루고 있다. 석가저수지, 백담저수지, 석지 등 크고 작은 못들도 만난다.

그리고 보니 상주는 제천 의림지, 김제 벽골제와 함께 삼한 시대 3대 저수지에 속하는 공검지가 있는 곳이다. 삼한 시대부터 인공 못을 만들었을 정도이니 농사가 얼마나 활발했던 곳인지 알 수 있다. 묵상정미소 역시 이와 관련 없지 않을 것이다. 묵상정미소는 1956년쯤에 건립된 정미소로서 상주 사벌면 일대에서 생산되던 쌀을 정미하며 활황을 누렸다고 한다.

안재현 대표는 1970년대에 정미소를 인수했고, 가장 매출이 많았을 때는 하루에 70가마나 도정했을 정도라고 한다. 가마당 80kg 정도이니 그 양이 엄청났다. 기계는 낡았지만 가을에 지역민들의 요청이 있을 경우 가동하

말끔해진(?) 묵상정미소

고 있다고 한다. 정식 폐업은 아닌 상태인 것이다.

외관도 새롭게 고쳐놓았고, 정미소 한쪽에는 도정과 관련된 전시실을 마련해 놓았다. 안타깝게도 묵상정미소의 원래 모습을 알기가 어렵게 되어 버렸다. 이런 차에 안 대표가 푸념을 늘어놓는다. 이리저리 외관은 고쳤지만 실제 정미소를 가동하기 위한 유지관리는 지원이 되지 않는다는 것이다. 정미소가 유산으로 지정되면 조금이라도 유지관리에 도움이 되지 않을까 싶었지만, 공간만 바꿔놓고 실질적인 지원은 전혀 없다는 것이다. 만감이 교차한다. 유산이라고 지정해놓고 외관만 섣불리 수리해서 원형도 훼손하고 제대로 된 유지관리를 지원받지 못해 원성만 자자하다니.

상주시가 묵상정미소를 지원할 때 유산으로 여기기보다는 재생사업 대상

묵상정미소의 내부

으로 오해를 한 것 같다. 경북산업유산의 입지가 모호하다. 특히 살아있는 유산에 대한 명확한 입장정리가 필요해 보인다. 장인과 전승기술에 대한 배려가 절실하다.

갑자기 미국 오리건주 세드 Shedd 의 '톰슨 밀스 thompson's Flouring Mills '가 떠오른다. 1858년에 건립되어 칼라포이아강 Calapooia River 의 물을 이용한 오리건주에서 가장 오래된 정미소이다. 톰슨 밀스는 160여 년 전의 오리건주의 농촌생활을 증거하는 유산이며, 현재의 정식 이름은 '톰슨 밀스 주립 유산 사이트 Thompson's Mills State Heritage Site '다. 정미소는 지금은 사라진 보스톤이라는 마을이 주변에 있었기에 건립 당시에는 보스톤 밀스 Boston Mills 라고 부르기도 했다. 이후 1891년 독일 이민자였던 마틴 톰슨 Martin Thompson 이

톰슨 밀스의 풍경

원형 보존 중인 설비시설들

소유권을 가지면서 톰슨 밀스로 변경되었다.

여러 물길이 정교하게 흐르며 농경지가 발달한 지역
이라 그런지 주변에 여러 곳의 정미소들이 있었다. 주
목하고 싶은 것은 이곳 정미소의 보존관리의 방식이
다. 2007년 2월 그곳을 방문했던 날, 필자는 미국 정
미소의 수력발전 시스템, 곡물을 분쇄하여 사일로로
이동하는 시스템, 저장과 반출까지, 그리고 톰슨 밀스
의 옛 포대들과 빼곡하게 수장되어 있는 각종 자료를
접할 수 있었다. 놀랍게도 정미소 내에 엘리베이터 시

톰슨 밀스에서 분쇄했던 13가지의 곡물

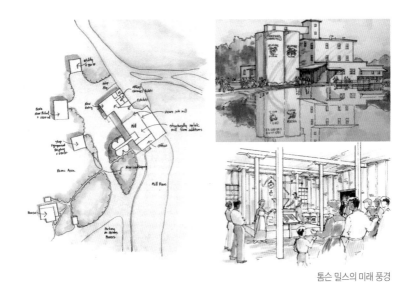

톰슨 밀스의 미래 풍경

스템을 갖추고 곡물을 사일로로 올려 이동시킬 수 있었다. 벽장같이 생긴
목재 문을 여니 곡물을 이동하는 나무 벨트가 있었다. 밀, 보리, 옥수수, 귀
리 등의 곡물을 분쇄하기 위해 끌어 올리는 시스템이 우리 정미소와 비슷
하다. 관리자 분은 1970년대에 촬영된 사진과 현장을 비교해가며 설명해
주셨고, 정미소는 원형을 잃지 않은 채 보존 관리 되고 있었다.

2007년 당시, 한 달에 고작 10여 명 정도가 방문하는 이곳을 누가 왜 이렇
게까지 보존 관리하고 있는지 무척 궁금했다. 관리자 분은 책장 속에서 몇
장의 그림도면을 보여주셨다. 리모델링 후의 미래를 보여주는 그림들이었
다. 2004년 문을 닫은 직후, 오리건주에서 매입하였고 주는 정미소를 포함
한 이 일대를 1910~1930년대의 농촌풍경지대로 복원을 하고자한다는 것
이었다. 100여 년 전으로 돌아가 보려는 그들의 꿈이 참으로 대단해 보였

2018년의 톰슨 밀스 ©Thompson's Mills Preservation Society

다. 그 중심에 있는 톰슨 밀스는 오랜 기다림 속에서 새로운 보전과 변화를 기다리는 중이었다. 재원 확보를 위해 톰슨 밀스를 사랑하는 사람들을 회원으로 가입하게 하고, 기부금을 모으는 트러스트 운동을 하고 있었다. 모든과정을 Thompson's Mills Society라는 재단이 주도하고 있었다.

12년이 지난 지금은 어떤 모습일지, 또 어떤 변화가 있을지 궁금했다. 인터넷을 통해 살펴보니 사일로에 밀가루 포대에서 보았던 마크가 선명하게 그려졌다. 내부도 말끔하게 치워졌고, 주변의 강과 풍경도 옛 모습과 유사하게 복원되어 지역의 농촌문화 계승의 증거물로 자리매김하고 있는 것 같다. 재단의 명칭도 Preservation 보존 이라는 단어를 추가하여 Thompson's Mills Preservation Society로 재탄생하였고, 트러스트운동도 계속하고 있다. 그 중 정말 반가웠던 사실은 2007년에 그리도 열심히 정미소를 설명하고 알려주었던 그 관리자가 지금도 그대로 계신다는 것이었다.

톰슨 밀스의 1910~1930년 회복사업을 보며 감탄하고 있던 중 의성군의 '의성 전통 수리 농업시스템'이 국가중요농업유산 10호로 지정되었다는 소식이 들려왔다. 울진 금강송 산지농업시스템(7호, 2016년)과 울릉 화산섬 밭 농업시스템(9호, 2017년)에 이어 경북에서는 3번째의 경사였다. 함께 지정된 11호는 보성 전통차 농업시스템이고, 12호는 장흥 발효차 청태전 농업시스템이다. 모두 농업시스템, 즉 공간이나 시설을 대상으로 하기보다는 해당 농업의 작동시스템을 국가 중요유산으로 인정하는 것이다. 더군다나 의성 전통 수리 농업시스템의 유산 지정 이유가 흥미로웠다. 의성 일대가 화산지역이자 연간 강수량이 적은 불리한 농업환경 극복을 위해 조문국 시대부터 수리시설을 축조했고, 이를 통해 수도작과 육쪽마늘이라 불리는 한지형 마늘의 이모작 농업환경을 조성했다는 것이다.

우리나라는 전통적인 농업 국가다. 산지가 발달한 경북지역의 경우 공간적 한계를 극복하고 또 지역 특성에 적응한 다양한 농법들이 존재한다. 이를 발굴하는 일은 농업 전통과 문화적 가치, 그리고 지역다움을 계승할 수 있는 무한한 잠재력을 키워내는 일이다. 과거로 회귀하자는 것이 아니다. 신개념의 농촌관광과 농업 6차 산업을 지역 농촌의 미래와 연결할 수 있는 방법이라는 것이다.

정미소로 다시 시선을 옮긴다. 단순한 시설 보존에 머물지 말아야 한다. 또한 섣부른 변화와 어설픈 시도는 원형의 훼손만 가져올 뿐, 미래를 위한 진정한 발전의 시도를 가로막는다는 사실을 인식할 필요가 있다. 경북의 정미소들이 살아 움직이는 경북 농업의 새로운 실험장이 되길 기대해본다.

지역과 함께 했던 슬로우 푸드, 막걸리

영양은 산이 깊어 은둔하기 좋은 곳이라 고은 古隱 이라 불렸다. 실제로 영양은 산이 좋고 물이 좋아 사색하기 좋은 곳이다. 그래서 예부터 문인과 선비들이 많이 배출되어 문향 文鄕 이라 불리기도 했다. 현재의 영양군 인구는 2만 명도 채 안 되지만, 1970년대에는 7만 5천 명이 거주했다고 한다. 그때도 영양은 고추, 담배, 숫돌이 특산품이었다고 한다. 당시 영양에 살던 사람들은 대부분 고추와 담배를 재배하는 농부였다. 그들은 농주, 즉 농부의 술이었던 막걸리를 즐겼을 것이다. 영양은 물맛 또한 좋았으니 당연히 양조업이 발달할 수밖에 없었다.

영양탁주합동의 공간 배치

영양탁주합동의 입구 풍경

기록에 따르면, 1930년대 영양의 양조 업주는 15명이었다. 시대적으로 당시에는 주로 청주를 생산하였고 해방 후에 막걸리로 변경하였는데, 경북 산업유산인 '영양탁주합동'도 같은 길을 걸어왔다. 영양탁주합동은 1925년에 설립된 우리나라에서 현존하는 가장 오래된 막걸리 양조장이다. 1971년, 영양의 곳곳에 산재하여 있던 양조장들이 영양탁주합동을 중심으로 모여들어 영양주조주식회사로 변경되었고, 1988년에는 다시 영양양조 유한회사로 변경되기도 했다. 공식 이름은 지금까지 영양양조(유)로 사용되고 있다.

영양군청 바로 옆 군청길 49번지에 영양탁주합동이 자리하고 있다. 처음

영양탁주합동의 마당

그곳을 찾은 날, 양조장은 모든 것이 정지된 채 적막에 싸여 있었다. 인기척을 느꼈는지 미닫이문이 드르륵 열리면서 훤칠한 어르신이 나타났다. 권시목 대표였다.

입구를 들어서니 천장이 높고 제법 큰 공간이 나타난다. 오래된 집기들이 여기저기 보이고, 10여 개의 수도꼭지가 달린 은빛의 커다란 스테인레스 통이 있는 것으로 보아 막걸리 생산의 마지막 공정인 병에 막걸리를 담는 곳인 것 같다. 문 너머로 제멋대로 자란 풀들이 빼곡한 넓은 마당이 보인다. 2017년에 문을 닫은 뒤 한동안 관리를 못한 모양이다. 마당 우물가 옆에 자리를 잡은 뒤, 이 우물이 술맛의 비밀이라는 말과 함께 지난 삶의 이야기를 시작한다.

영양탁주합동은 그의 조부로부터 시작되었다. 선대 고향은 봉화의 닭실마을인데 영양 주실마을 출신의 조모와 결혼하면서 이것이 인연이 되어 영

권시목 대표

발효실이 그대로 멈춰서 있다

양에 양조장을 세웠다. 권시목 대표는 서울에서 30년을 살다 고향으로 내
려와 가업을 계승하였다. 잘나갈 때는 영양탁주합동의 최고 매출은 하루
20말 정도였다고 한다. 1말이 15~20ℓ이고 약 20병의 막걸리가 나오니
하루 20말이면 약 400병의 막걸리를 생산했던 것이다.

영양탁주합동의 막걸리의 도수는 6도이며, 쌀과 밀가루를 반반씩 섞어 제
조한다. 쌀이 부족하여 쌀막걸리의 제조가 금지된 1960년대에는 밀가루
로 막걸리를 생산했는데 당연히 맛이 좋았을 리 없었다. 그런 이유로 70년
대까지는 막걸리 생산이 시들했다. 다행히 1990년부터 쌀막걸리의 생산이
가능해지면서 다시 활황을 이루었다. 2009년도에는 막걸리 붐이 일어나며
우리나라에서 가장 오래된 현존 양조장이란 명목으로 방송과 언론에도 등
장하며 유명세를 타기도 했다. 영양탁주합동이 소개된 자료들 여기저기에

영양탁주합동의 막걸리 맛은 탄산과 단맛이 적어 단순하고 편안한 맛이라 한다. 안타깝게도 지금은 맛볼 수가 없다.

침울한 얘기를 하신다. 막걸리의 지역공급제한 제도가 풀리면서 막걸리의 춘추전국시대가 시작되었고, 소규모 양조장이 점차 퇴락하는 가운데 이곳도 결국 문을 닫게 되었다. 적산 가옥의 분위기가 물씬한 내부 안마당의 우측부에 ㄷ자 형상의 건물 세 채가 자리한다. 제일 안쪽에 원료창고와 곡자창고가 있고, 본채라 할 수 있는 가장 큰 건물에 제1 발효실과 제2 발효실, 사무실이 연이어 있다. 마당 건너에는 재래식 화장실이 있다.

그대로의 모습이 유지되어 있던 터라 정지된 양조장인데도 마치 고두밥을 찌고 술 익는 소리가 들리는 듯하다. 가장 먼저 쌀과 밀가루를 쌓아두던 원료창고의 문을 열어보니 크기가 20여 평은 넘어 보인다. 두 번째는 누룩을 익히는 '곡자창고 麴子倉庫'를 살펴보았다. 전통누룩을 곡자라 하니 창고의 이름만으로도 유산임이 틀림없다. 창고 안에 방치된 목재상자들은 누룩을 다져 넣었던 통이다.

다음은 이곳의 하이라이트인 술 익는 방이라 불리는 '국실 麴室'이다. 불린 쌀을 쪄서 만든 고두밥을 식힌 후 단지에 넣은 후 막걸리의 근원체인 '국麴'을 생산한다. 국실의 관건은 34도 일정한 온도를 유지하는 것이다. 온도 유지를 위해 두께가 무려 1m에 이르는 벽과 천장에 왕겨를 채워 넣었다. 놀라운 것은 그 왕겨를 한 번도 교체한 적이 없다고 한다. 그렇다면 1920년대 왕겨인 것일까. 발효실로 가는 길에 사각형의 넓은 연못 같은 곳이 있다. 오래전에 고두밥을 식히던 장소라 한다. 규모를 보니 고두밥의 양이 대단했을 것 같다. 고두밥은 물기가 없이 고들고들하게 지은 된밥을 말하는

백년이 되어가는 왕겨 　　　발효실의 이중창

데, 발효 시간을 줄이기 위해 사용된다고 한다.

다음은 발효실이다. 국에 물을 희석하여 발효를 기다리는 방이다. 인고의 시간을 거쳐 신선한 국과 물이 만나 유산균 덩어리인 막걸리로 탄생하는 방이다. 컴컴해서 앞이 보이질 않고, 벽면과 바닥 아래에 희미하게 가루들이 보인다. 낡은 벽을 뚫고 왕겨들이 삐져나온 것이다. 세월의 무게가 무거웠나보다. 마당 쪽으로 이중창으로 된 세로형의 창문이 있다, 이 역시 온도 유지하기 위함이다.

영양탁주합동은 여러 측면에서 유산으로서의 가치가 있다. 유구한 역사를 가지고 있는 것은 물론이고, 유산의 절대적 기준인 진정성과 완전성을 동시에 갖추고 있기 때문이다. 원료창고, 곡자창고, 국실, 고두밥 찌는 장소, 발효실 등으로 이어지는 생산 과정이 온전히 남아있다. 또한 곡물 분쇄기

6번 전화가 설치되었음을 알리는 자랑스런 팻말

지금은 자전거가 없다.

와 밀가루 반죽기, 고두밥 찜통 등 역시 옛 모습 그대로 보존되어 있다.

양조장 현관 왼쪽 차양 밑에 빈 공간이 보인다. 막걸리를 배달했던 짐받이 자전거 대기소라 한다. 자전거 뒤에 나무로 된 술통을 얹고 달렸던 상상을 하니, 지금은 한적한 앞길이 그때는 꽤나 복잡했으리라 예상된다. 처마 밑에 '전화 6'이라는 팻말이 선명하다. 영양에서 6번째로, 민간에서는 1호로 설치된 전화라고 한다.

영양탁주합동는 그냥 산업유산이라고 표현하기에는 뭔가 아쉽다. '생활'이라는 단어를 붙여 '생활산업유산'이라는 말이 적절하다는 생각이 든다. 그러고 보니 경북산업유산들의 상당수가 그런 유산들이다. 정미소, 성냥공장, 양조장, 대장간, 기와공장 등 모두 생활산업유산이다. (생활산업유산 이야기는 다음 장에서 자세히 다룬다.)

아쉬운 작별을 뒤로 하고 또 다른 양조장을 찾아 문경으로 향했다. 길을 떠나기 전 〈사진으로 보는 문경 근대백년사〉라는 자료를 통해 문경의 양조장을 확인했었기에 기대감이 넘쳤다. 가은, 농암, 동로, 마성. 갈평, 문경읍, 산복, 산양, 영순, 점촌. 호계, 흥덕양조장. 이 중에 두 곳이 등록문화재로 지정되었다. '가은양조장'과 '산양양조장'이다.

2018년에 경북산업유산으로도 지정된 '산양양조장'은 문경시의 도심과는 뚝 떨어진 산양면 불암리에 있다. 산양면 우측으로 흐르는 금천을 넘어서면 예천이고, 그곳에는 또 다른 경북산업유산인 '용궁합동양조장'이 있다. 금천의 물맛이 좋은가 보다. 산양양조장은 1944년에 '산양합동양조장'으로 설립되었다. 그때가 일제강점기 막바지였기에 합각지붕과 목골조를 갖춘 일식건축물의 특성을 간직하고 있다. 이곳 역시 온도와 습도 조절을 위

가은양조장	농암양조장	동로양조장	마성양조장
문경면 갈평리 양조장	문경읍양조장	산북양조장	산양양조장
영순양조장	점촌양조장	호계양조장	흥덕양조장

문경의 옛 양조장들 ⓒ사진으로 보는 문경 근대백년사

해 국실 상부에 솟을형 지붕과 왕겨를 넣은 천정을 가지고 있다. 시대와 산업적 특성이 온전하게 남아있다.

양조장은 10여 년 전에 문을 닫았지만, 지속적인 유지관리 덕분에 건물이 매우 양호한 상태다. 그 결과로 등록문화재가 되었다. 현 소유주인 권만하 대표의 자제와 문경시가 함께 리모델링 후 다양한 특화 장소로 탈바꿈할 준비를 하고 있다. 이에 산업유산 전문가들도 힘을 합치고 있다하니 기대된다. 더 흥미로운 것은 양조장 길 건너에 1945년에 지어진 문경구금융조합사택이 마주하고 있다. 이곳 역시 등록문화재 제289호다. 방문자들을 위한 다목적 공간으로 사용하기 위해 최근 수선을 마쳤다. 그때가 태평양전쟁기인데 왜 이곳에 양조장과 금융조합사택을 지었을까? 산양지역의 과거가 궁금해지는 순간이다. 바로 옆길에 일제강점기 미곡창고군이 존재한다. 풍광이 수려한 금천과 어우러진다면 장차 문경 근대문화유산의 보고

산양양조장의 가로 풍경

이자 문화관광의 거점이 될 가능성이 엿보인다.

문경의 또 다른 등록문화재 양조장인 '가은양조장'은 2017년 12월 5일에 등록문화재 제706호로 지정되었다. 가은이라 하면 한때 문경의 탄광산업의 배후도시 아닌가. 문경의 석탄생산의 핵심지였고 지금은 폐지된 유명한 가은역이 있는 곳이다. 영산천을 따라 올라가면 문경석탄박물관이 있다. 한때 80여 곳의 탄광이 있었고 국영탄광까지 있던 곳이니 시간은 한참 지났지만, 그 영화는 지금도 여전하다. 석탄을 반출만 하던 곳이 그 석탄의 흔적을 보기 위해 사람들이 유입되는 곳으로 변해 버렸다.

영산천을 건너니 바로 소담한 모습의 양조장이 눈에 들어온다. 앞쪽 사무실이 특이하게도 2층 구조다. 안으로 들어가니 양조장이 나타난다. 근대식 생산과정과 기능이 고스란히 남아있다. 문경의 양조장들은 열린 구조인 영양탁주합동와 달리 집약형이다. 아마도 서로 다른 시기에 지어졌기 때

가은양조장의 가로 풍경

문인 것 같다. 이곳도 산양양조장처럼 바로 물가이고, 번성했던 상업가로의 끝점에 자리한다. 문경에 있는 근대문화유산들의 변신이 기대된다.

이제 예천으로 간다. '용궁합동양조장'은 용궁의 순대거리와 함께 명물이 된지 오래다. 몇 년 전, 1박2일이라는 TV예능프로그램에 이곳이 등장했었다. 권순만 대표가 "나는 강호동 때문에 억지로 산다."라고 한다. '억지로'가 포인트다. 대표의 솔직함이 놀라울 뿐이다. 이 뿐 아니다. "용궁순대집들이 없으면 문을 닫고도 남았어."라고 하신다. 용궁순대라면 돼지 막창으로 만들고 천안의 병천순대와 용인의 백암순대와 함께 명물 순대로 손꼽히는 그 순대가 아닌가. 조금 전 지나온 길에 밀려 서있는 사람들이 순대집

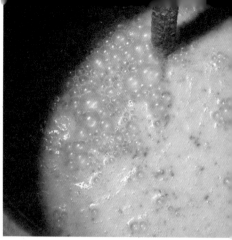

40여년이 지난 역사적인 발효통

뽀글거리며 익고 있는 용궁의 모주

줄이었던 것이다. 재생사업으로 용궁역까지 유명세를 타고 있어, 당분간 양조장은 문 닫을 이유가 없어 보인다.

용궁합동양조장은 1960년에 설립되었다. 권순만 대표가 2대째다. 앞서 보았던 양조장들과는 건축 외관이 완전히 다르다. 벽돌로 지은 2층 구조의 양조장이다. 지금도 특별해 보이는데, 건립 당시를 상상해 보면 상당히 눈에 띄는 양조장이었을 것 같다. 현관 위 막걸리병 조형물이 정겹다. 이중창으로 된 발효실에서 소담한 장독에서 진하고도 연한 노란빛의 모주가 뽀글거리며 익고 있다. 술이 숨을 쉰다는 말이 이럴 때 사용하나 보다.

곁에 있는 발효통에 지워져 가는 숫자들이 보인다. 탁사, 용량, 검정에 대한 숫자를 일관되게 적어 놓았다. 검정일이 78.4.19도 있고 76.6.30도 보인다. 모두 40년이 넘은 것들이다. 막걸리에 사용되는 물은 지하수라 한다. 용궁지역은 강과 강 사이에 있다. 좌측에는 금천이 우측에는 복계천이 흐르니 지하수가 풍부할 수밖에 없다.

영양탁주합동이 건립된 지 3년 후인 1928년, 상주에도 양조장이 탄생한다. '상주주조주식회사尙州酒造株式會社'가 공식 명칭이다. 이곳은 북문사거리에서 지적인 인봉동 2길과 3길이 만나는 모서리에 자리한다. 1985년 폐업을 한 후 6~7채의 양조장 건물이 30여 년 동안 방치된 채 있었지만, 2018년 봄 즈음에 굴뚝과 사무실 건물만 남겨두고 모두 헐고 말았다. 2018년 2월 상주시가 부지를 매입을 하여 재생사업에 활용하기 위함이었다고 하는데, 아쉬움을 금할 수가 없다.

최근 상주읍성에 대한 관심이 생겼다. 상주시로부터 상주박물관에서 발간한 7장의 사진엽서를 받은 후부터다. 누군가가 일본으로부터 구입한 것을 상주박물관이 입수한 것이라 한다. 사진은 1909년에서 1912년 사이에 촬영된 것으로 추정되며, 읍성의 사대문과 읍성 내 관아 및 시가, 상주재관소 등의 모습을 실제 확인할 수 있다. 읍성 4대문의 정면 사진을 통해 문루의 형태도 정확히 알 수 있다. 각 사진의 왼쪽부분에 세로로 경상북도상주성

상주읍성의 4대문 ⓒ상주박물관

동문경 慶尙北道尙州城東門景 , 경상북도상주성서문경 慶尙北道尙州城西門景 , 경상북도상주성남문경 慶尙北道尙州城南門景 , 경상북도상주성북문경 慶尙北道尙州城北門景 이라 적혀 있는 것으로 보아 읍성의 4대문이 확실하다. 사진 속의 문들이 한양 사대문의 축소판이다. 당시로는 대단한 건축물인데 어떻게 상주에 이런 문들이 지어질 수 있었을까? 상주는 경상도의 행정 관아인 경상감영이 이백여 년이나 자리했던 조선 8목의 한 곳이었다. '慶尙道'가 경주 慶州 와 상주 尙州 에서 유래했고, 상주 목사는 경상감사를 겸했다고 하니 조선시대 상주의 위상을 짐작할 수 있다. 그러니 사대문이 이렇게 웅장했을 것이다.

양조장 주변에 북문사거리, 왕산역사공원, 상주향청 등이 자리한다. 양조장의 입지가 심상찮은 느낌이 든다. 북문이

특별해 보이는 굴뚝의 상호
(尙州酒造株式會社)

면 읍성의 북문일 것이고, 근처에 분명 읍성이 있었을 것이다. 이리 저리 자료를 찾다보니 읍성의 성곽이 양조장 앞을 지난다. 또 다른 기록에 일제가 1912년에 상주읍성을 철거했다고 한다. 일제는 전국 성읍도시들의 전통성과 경제구조를 교란하기 위해 다양한 이유를 내세워 성읍을 파괴시켰다. 그렇다면 양조장은 읍성을 해체한 자리이거나 바로 인근부지에 건립된 것으로 추정할 수 있다.

현재 상주주조주식회사는 '尙州酒造株式會社'라는 명칭이 세로 방향으로 새겨져 있는 굴뚝과 2층 벽돌조의 사무실 건물만 남아있다. 나머지 공간은 텅 빈 상태로, 공용주차장 신세다. 땅을 파보면 최소한 굴뚝과 연결된 벽돌 연통과 기단이 나올 것이다. 양조장의 원형 공간을 찾을 수도 있지 않을까

굴뚝만 남겨놓았는데도 이곳의 살아있는 역사를 느끼게 된다.

싶다. 아직 무엇으로 사용할지는 미정이라고 하니 많은 고민과 지역민들의 지혜가 모아지길 바란다. 굴뚝을 보니, 나고야의 '노리다케의 정원 ノリタケの森/영어로 Noritake Garden이라고 공식적으로 사용한다'이 떠올랐다. 이곳은 노리다케라는 일본에서 최고로 손꼽히는 그릇제조사의 본사가 있는 장소다. 1904년에 창립했고, 창립 100주년 기념사업으로 나고야 본사부지 내에 조성한 공원 같은 도자기 테마단지다. 이곳에 6개의 굴뚝이 일직선으로 서 있다. 모두 1933년생들이다. 원래 높이가 45m나 되었지만 지진을 걱정해서 상부는 잘라서 따로 보존하고 하부만 남겨놓았다. 그래서 높이가 정확히 똑같다. 이곳이 노리다케의 발상지라는 상징성을 표현하기 위해 잘린 굴뚝들을 남겨 놓았다고 한다. 두 개 굴뚝은 보행로에, 한 개는 주차장에 세워져 있다. 가운데 세 개는 자신들이 내뿜어 주던 연기를 만들던 가마窯 위에 서 있었다. 가마의 흔적을 그대로 남겨놓았다. 상주와 나고야의 상황은 전혀 다르지만, 양조장의 흔적을 어떤 시선으로 바라보느냐에 따라 상주만의 특별한 장소로 변신할 수도 있을 것 같다. '읍성과 굴뚝!' 역발상이 멋지게 풀려 가면 좋겠다.

지난 삶을 지켜준 고마운 이기^{利器} 들

경북산업유산에는 '불'이 중요하게 사용되는 특이
한 유산들이 있다. 노당기와, 성광성냥, 영주대장
간. 흙과 불, 나무와 불, 철과 불이 관련된다. 생산
원료가 흙, 나무, 철로 각기 다르지만, 반드시 불이
있어야 생산할 수 있는 유산이다.

경주 양동마을의 오래된 기와지붕에서 뭔가 자라
고 있다. 길쭉하게 위로 올라오는 이상하게 생긴 식
물인데 와송이라 부른다. 와송은 오래된 기와지붕
이나 높은 산 위의 바위에서 자라는데 항암과 면역
력, 당뇨와 혈액순환에 도움이 되는 귀한 식물이다.
와송이 왜 기와지붕에서 자랄까? 멀리서 아무리 관

찰을 해도 그 이유가 불분명하다. 분명 기와는 딱딱
한데. 아마 기와가 오래되고 낡아 열린 틈새로 기와
속 진흙들이 와송 뿌리와 만났거나, 기왓장들의 사
이에 흙먼지들이 날라 와서 쌓여 그곳에 와송 뿌리
가 내리지 않나 싶다. 어찌 되었던 와송에게 기와는
숨을 쉬게 하는 생명의 땅이다. 양동마을과 연을 맺
은 지 30여 년이 되어 가는데, 수많은 와가^{瓦家}의 기

노당기와 전시장

와들이 어디서 생산되어 왔는지 관심을 두지 못했다. 양동마을뿐 아니라 경주는 신라 문화재의 보고인데, 그 기와들은 도대체 어디서 생산되었을까. 그 의문에 대한 답은 '안강의 흙'이었다. 조선시대부터 안강 지역은 기왓골이라 불렸다 한다. 모래가 섞이지 않은 뛰어난 점토질을 가져 예부터 기와 제작의 요지로 손꼽혔다.

안강의 흙으로 기와를 굽고 있는 '노당기와'를 찾았다. 건장하신 정문길 장인이 기와의 공급처를 알려주신다. 양동마을, 소수서원, 옥산서원, 불국사 등 여러 문화재 복원사업에 노당기와의 기와가 공급된다는 설명이었다. 몇 년 전 경주 남천에 복원한 월정교의 기와도 노당기와의 것이라 강조한다. 공장의 앞쪽에 큰 전시장을 만들어 놓았다. 그동안 수집한 여러 종류의 기와들과 본인이 직접 만든 전통기와들도 함께 전시되어 있다. 설명이 이어진다. 건물을 완성하는 기와는 암수가 구분되며, 넓은 바닥 면의 기와를 암키와라 하고 사이를 메우는 둥근 기와를 수키와라 하고 끝부분을 덮는

정문길 장인

기와를 막새기와라 한다는 설명. 그리고 익숙하지 않은 귀면와, 용두, 토수, 부연기와 등도 자세히 알려주신다.

노당기와는 장인의 조부이신 정상갑 옹에 의해 1940년에 창업되었다. 정문길 장인은 3대 계승자이다. 아들인 정병태 노당기와 대표는 4대 계승자이자 예비 장인으로 활동 중이다. 정문길 장인은 1979년에 와장 1호, 1983년에 문화재수리기능보유자 670호, 경상북도 무형문화재 제43호로 지정된 진정한 장인이다.

노당기와가 경북산업유산으로 지정된 이유를 설명해주셨다. 전통 방식의 기와 제작이 중요한 이유다. 노당기와에는 감투 모양으로 생겨 감투가마라고도 부르는 두꺼비가마가 있고, 경사지를 이용하여 전통적으로 만든 오름가마(또는 비탈가마)도 있다. 두꺼비가마라는 이름이 흥미롭다. 여러 자료를 통해 가마는 열효율을 증대하는 방식에 따라 승염식(가마 천장

노당기와의 두꺼비가마

으로 연기 배출), 도염식(바닥 지하통로를 통해 연기 분리 배출), 오름식(구릉을 활용하여 여러 개의 가마를 연결하고 최상부 굴뚝에서 연기 배출) 등으로 나누어진다는 사실을 알게 되었다. 그러고 보니 노당기와의 두꺼비가마는 도염식이다. 멀리서 보니 웅크리고 있는 두꺼비를 닮았다. 또 감투도 분명 연상된다. 가마의 내부를 들어가 본다. 온통 검은색 벽돌들이 안을 채우고 있다. 뜨거운 불을 견딜 수 있는 내화벽돌들이다.

최근, 노당기와에서는 오름가마를 재현하여 전통식으로 기와를 굽고 있다. 운 좋게도 그 장면을 만날 수 있었다. 가장 먼저 안강의 좋은 흙을 찾아 옮겨온다. 흙을 밟는 구와질을 한다. 지붕에 달린 안전손잡이를 잡고 쉴 틈 없이 밟는다. 치밀한 진흙을 얻기 위한 방편

두꺼비가마의 실내

이다. 나무칼로 편 모양으로 잘라낸 흙뭉치를 7~8m 정도의 길쭉한 사각 모양으로 차례로 쌓는다. 그리고 또 밟는다. 짚수세미로 물을 뿌리고 다시 나무칼로 정교하게 흙뭉치를 잘라내어 쇠죽통을 닮은 둥그런 와통에 잘라낸 진흙을 감아 밀착시킨다. 방망이 문양을 이용하여 진흙 위에 문양을 낸다. 와통에 밀착된 흙을 나무칼로 수직으로 4개로 자른 후, 툭툭 치니 갑자기 4개의 암키와가 분리되어 나타난다. 이 과정을 '성형 成形'이라 부른다.

다음은 암키와와 세트를 이루는 암막새를 제작한다. 삿갓모양을 한 나무틀 위에 진흙을 밀착시킨 후 그 위에 반달 모양을 한 암막새 나무틀을 밀착시킨다. 나무틀 바깥의 진흙을 나무칼로 도려내고 나무틀을 분리하니 마치 용과 학을 닮은 문양을 가진 암막새가 나타난다. 신기함을 넘어 정교함에 감탄사가 연발로 나온다. 수키와는 지름이 15cm 정도 되어 보이는 와통에 진흙을 붙이고 또 자르면 2개의 수키와가 나타난다. 수막새 제작도 암막새와 유사한 과정을 거친다. 수막새에는 봉황이 새겨져 있다.

모습이 잡힌 기와들은 3~4일간 그늘에서 말리고, 다시 양지로 옮겨 4~5일 간 건조한다. 이러한 음양 과정을 거친 후 가마로 들어간다. 기와들을 가마에 적재한 후 초불, 중불, 막불의 과정으로 불을 지핀다. 오름가마의 가장 위에 있는 굴뚝에서 불길이 뿜어 나온다. 장작불을 섭씨 9백 도에서 1천 도로 36시간 지핀 후, 가마 아궁이와 굴뚝을 진흙으로 막는다. 공기가 들어가지 못하도록 완벽히 막는다. 다시 52시간이 지난 후 막은 진흙을 제거하고 기와에 뜸을 들이는데 이를 '소성燒成'이라 한다. 다시 8시간이 흐른 후 전통 기와를 낸다. 인고의 과정과 시간이 아닐 수 없다. 슬로우 산업의 결정체다.

안강 노당리에는 원래 7개소의 기와공장이 있었다고 한다. 지금은 노당기와가 유일하다. 현재 전국의 기와 생산 공장은 10개소이며, 이곳은 고령기와 다음으로 규모가 크다. 200여 평의 공장을 유지하기가 쉽지 않아 보인다. 그런데 현재 수제자가 3명이고 직원도 24명이나 된다고 한다. 장인께서 여러 자료를 보여주시면서 여기까지 지탱해온 과정을 알려주신다. 희비가 교차하였던 여러 순간을 회상하신다.

전통방식으로 가마를 굽는 장면

경북은 유교문화가 뿌리를 깊게 내린 지역이다. 이 문화를 어떻게 지속할 수 있게 할 것인가는 시대적 과제다. 전통을 지키고 그 삶을 누리려면 온돌기술, 기와제조. 목재가공, 한지제조 등 끝도 없을 기술들이 계승되어야 한다. 가나자와의 직인대학金沢職人大学 이 떠오른다. 가나자와의 도시 전통을 이어가는 장인 양성소다. 그곳에는 석공과, 기와과, 미장과, 조원과, 목공과, 다다미과, 창호과, 판금과, 표구과 등 9개과가 있고, 3년 과정을 마치면 장인기능사증을 수여하고 전통 장인으로 활동하게 된다. '리틀 교토'를 표방하는 도시다운 투자이고 노력이다. 가나자와직인대학은 공

익사단법인이라 한다. 그런 차원에서 노당기와는 개인 스스로 전통기와의 기법을 계승하고 있는 대단한 곳이라 할 수 있다. 필자로서는 경북산업유산으로의 지정 계기가 전통 기술을 이어나가는 실마리가 되어 주길 바랄 뿐이다.

철과 불이 결합하는 곳, 영주의 '영주대장간'을 찾았다. 영주역 뒤쪽 구성로 변에 자리하고 있다. 역 조차장과 대로 사이에 끼어 있는듯하여 조금 안쓰러워 보인다. 그런데 석노기 장인의 목소리와 마음은 포부가 당당하고 전혀 그런 소외감을 찾아볼 수가 없다. 장인의 직업은 정확히 말하면 대장장이다. 철을 가공하여 다양한 철로 된 생활도구와 제품을 만든다. 장인은 14살 때 매형을 따라 대장간 일을 시작했고, 23세 젊은 나이인 1976년에

영주대장간 전경

석노기 장인

영주대장간의 생산 제품들

영주대장간을 세웠다. 그러니까 50여 년 넘도록 대장장이로 살아온 것이다. 보통 사람이 아닌 것이 확실하다.

신조가 '실수를 하지 말자'라고 한다. 불 속에서 철을 끊임없이 두드리고 자르는 것이 대장간의 주 임무다 보니 장인의 신조가 되었나 보다. 대장간의 일은 험하지만, 사실 매우 정교함을 요한다. 기술력, 즉 손재주가 뛰어나지 않으면 제품을 생산할 수가 없다. "영주대장간에서 만들 수 없는 것이면 다른 대장간에서도 절대 생산이 불가능하다."라고 호언장담을 한다.

영주대장간에서 생산되는 농기구는 약 50가지에 이른다. 가장 많이 생산되는 농기구는 각종 낫(조선낫, 풀낫(양낫/외낫), 괭이, 세발 쇠스랑, 호미(5종류), 거름대, 약초거름대(창) 등이며, 각종 식도와 전문업종의 식도들은 물론 엿장수 가위 등 생활기구도 제작한다. 이외 법사작두, 신장칼, 대신칼, 삼지창 등 각종 행사 관련 기구도 제작한다. 닭집, 중국집, 횟집에 따

라 식도가 모두 다르다고 한다. 그러니 그 정교함은 말할 것도 없다.

이렇게 다양한 것들을 어떻게 생산할 수 있을까? 대량생산 체계에서는 있을 수가 없다. 하나하나 장인의 손으로 제작하니 가능한 일이다. 이곳에는 대장간을 설립했던 당시부터 지금까지 단조함마, 함마구지, 절단기 등의 다양한 기계들이 그대로 보존되거나 사용 중이다. 철을 빠른 속도로 강하게 두들겨야 하는 함마는 자동화되었고, 화로의 풀무질도 지금은 전기를 이용한다고 한다. 그 외 공정은 모두 수작업이다. 장인께서 자동함마의 스위치를 누른다. 큰 쇠망치가 상하로 움직이며 두드리는 속도가 놀랍다. 절대 손으로는 불가능하다. 이전에는 얼마나 힘이 들었을까. 쇠절단기의 시범이 이어진다. 길쭉하고 납작한 쇠를 툭툭 쉽게도 잘라낸다. 구입 당시 4백만 원! 당시 집 한 채 값이었다고 한다. 혹시 모른다. 이 절단기가 전국에서 유일할지도.

영주대장간은 제품만이 아니라 세월의 역사를 증명하는 제작 도구들이 이렇게 빼곡하게 들어차 있으니 살아있는(?) 박물관이라고 해도 손색이 없다. 앞으로의 미래에 대한 걱정을 장인은 긍정에 긍정으로 정리해 버린다. 오히려 자긍심에 찬 표정으로 기술과 제품에 대한 본격적인 얘기를 시작하신다. 수요는 충분하다고 한다. 여전히 우리나라에는 자동화 기계를 사용할 수 없는 작은 규모의 논밭들이 많고 그곳에는 필수적으로 농기구가 필요하다는 것이다. 또한 그 어떤 기구들도 영주대장간의 기구의 성능에는 따라오지 못한다고 한다. 호미는 요즘 연 1만 개 정도를 생산하는데 잘 나갈 때는 연 5만 개 정도였다니 입을 다물 수가 없을 정도다. 유통 반경은 강원도에서 부산까지 전국이고 대부분 주문 배송 체계로 운영되고 있다. 숭례문 복원사업에도 연정(대못) 제작을 위해 장인으로 참여했고, 전국의 온갖 축제에 연 7~8회 정도 대장간 시연을 하고 있다. 심지어 영화 '식객' 에도 대역으로 출연했다고 한다.

긴 세월이 스며있는 대장간의 도구들

귀여운 선물을 받았다. 대장간에서 벼른 연장세트라 적혀있고 겉에 단원의 대장간 풍경이 그려져 있다. 뚜껑을 여니, 귀여운 호미와 괭이, 그리고 엿장수 가위가 있다.

"대장간에서 벼른 연장세트는 실제 사용하는 연장의 크기를 작게 축소하여 만든 미니어처라고 생각하시면 됩니다. 세트의 제품은 대장간 모든 공정을 거쳐서 만들어진 것으로, 쇠의 재질이나 강도는 실제 사용하는 연장과 같은 것으로 이해하시면 됩니다. 세트에 포함된 호미의 경우 가정에서 화분을 정리하는데 사용하며, 괭이는 등산용 배낭에 넣어 두셨다가 필요시 사용하셔도 됩니다."

정교한 기술마냥 선물에 대한 설명도 섬세하다. 문을 나서면서 많은 생각이 교차된다. 장소, 기계들, 기구와 도구들, 그리고 기술까지 어느 하나도 흘트리면 안될 것 같은 생각이 든다. 장인은 물론이고, 전통을 이어가는 포부와 자긍심마저도 보존해야 할 듯싶다.

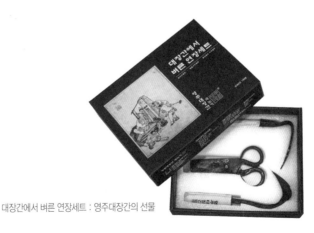

대장간에서 벼른 연장세트 : 영주대장간의 선물

의성의 '성광성냥'을 찾았다. 네비게이션이 문소1길이라는 큰길에서 산자락으로 안내한다. 이상하다. 성광성냥이라면 우리나라에서 유일하게 남아있는 큰 공장인데, 경사지로 안내를 하니 길을 잘못 들었나 싶었다. 이 뿐 아니라, 당황스럽게도 성광성냥은 의성향교와 마주보고 있는 것이 아닌가. 뭔가 사연이 깊고 깊을 것만 같았다.

손진국 대표는 반가움에 대문 앞에 서서 탄생 연유를 설명하신다. 성광성냥의 탄생은 6.25전쟁과 관련된다. 1954년에 실향민 양태훈 씨와 북한에서 피란 후 서울 생활 중 외삼촌에게서 성냥제조기술을 배운 김하성 씨가 의기투합해서 탄생되었다. 이후 피란민 모임의 회장인 이문선 씨가 합세하여 3인 창업주의 체제로 공장이 시작되었다. 처음에는 성광교회 근처의 벽돌을 찍어 내던 공장 일부를 임대하였는데, 이후 1950년대 후반에 성광성냥을 따라 동광성냥이 설립되었고, 결국 1959년 8월에는 동광성냥을 인수하여 그곳으로 터를 옮겼다.

듣다 보니 손진국 대표 자신의 이야기는 전혀 등장하질 않는다. 모두 양씨와 김씨 이야기뿐이다. 옆집에 살던 아저씨가 김하성씨였고 창업할 때 공장에 입사하여 성광성냥과 연을 맺었다. 그때 나이가 18세였다. 창업과 동시에 입사했으니 '완벽한 성광맨!'이다. 성실하고 정직했기에 공장의 경리일을 보았다. 40여 년 전 즈음에 전무 직함으로 일을 할 때 공동 주주가 되면서 자연스레 대표이

작은 공장들의 집합체인 성광성냥

손진국 대표

성광성냥의 입구 풍경

사가 되었다. 성광성냥은 정확히 60년 동안 가동되다 2013년에 문을 닫았다. 마당 안으로 들어서니 을씨년스럽다. 함께하던 차남도 지금은 광고인쇄업에 종사하며, 성광성냥의 미래를 준비하고 있다.

본격적으로 큰 단지와 같은 공장을 돌면서 설명을 듣는데, 십여 동이 넘는 건물들이 공정에 따라 배치되어 있다. 부지 7,686㎡에 건평이 1,971㎡나 된다. 가장 먼저 안내한 곳이 성냥 원료인 나무를 적재하고 적당한 크기의 원형으로 자르는 곳이다. 여기서 하는 일을 '축목작업'이라 한다. 나무는 이태리포플라, 친근한 발음으로 뽀뿌라나무다. 공간이 무척 넓은데 텅 비어있다. 군데군데 방치되어 보이는 절단된 나무 둥치들이 애처로워 보인다.

38cm 간격으로 자른 나무둥치의 껍질을 벗긴 후 '묵기'라는 기계를 이용하여 얇게 편을 뜨는데 이걸 '밤바'라 한다. 두께가 겨우 2.2mm이니 매우 정교

함을 요하는 작업이다. 성냥개비의 두께다. 이것을 다시 '기사미'라는 기계를 이용하여 4.2㎝와 4.8㎝ 두 종류로 썰어야 한다. 썰린 미완성 상태의 두약처리가 안된 성냥개비를 '축목'이라 한다. 38㎝ 폭의 밤바를 4.2㎝와 4.8㎝로 나누면 거의 정확히 9개와 8개의 축목이 생산된다. 다음은 이 축목들을 인과 물을 섞은 액체를 뿌려 적시는 '인풀' 작업으로 넘어간다. 성냥이 잘 타고 금방 연소하는 이유가 바로 여기에 있다. 이후 하루나 이틀 정도 젖은 축목을 건조한다. 다음은 '기도가짜'라는 기계와 '왕발기'를 통해 크기가 맞지 않는 축목을 고르는 작업이 진행된다.

다음은 '두약' 작업이다. 두약頭藥은 말 그대로 축목의 머리 끝부분에 발화약품을 바르는 작업이다. 매우 안전을 요하는 작업이다. 위험물 표시가 된 보관창고가 있다. 두약 작업은 성냥제조공정의 하이라이트다. 네 명이 한

그대로 서 있는 설비시설들

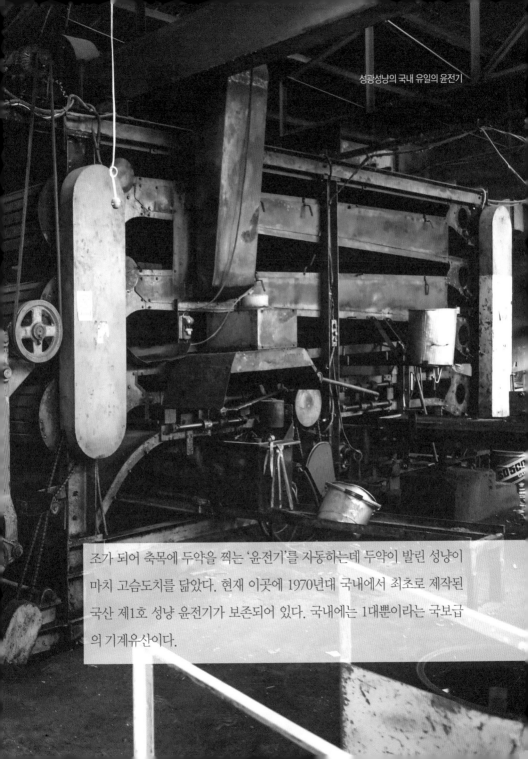

조가 되어 축목에 두약을 찍는 '윤전기'를 자동하는데 두약이 발린 성냥이 마치 고슴도치를 닮았다. 현재 이곳에 1970년대 국내에서 최초로 제작된 국산 제1호 성냥 윤전기가 보존되어 있다. 국내에는 1대뿐이라는 국보급의 기계유산이다.

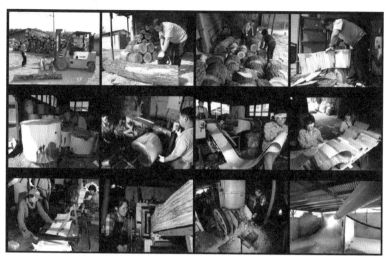

성광성냥의 축목과 건조 작업 ⓒ국립민속박물관

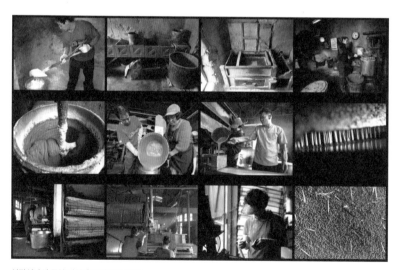

성광성냥의 두약 작업 ⓒ국립민속박물관

다음은 제품을 포장하는 단계이다. 직사각이나 팔각형의 성냥갑을 제조하고 갑에 담는 '대갑실'과 포켓용 미니 성냥을 위한 '소갑실'로 구분된다. 성광성냥의 제품 중, 향로성냥이 가장 낮이 익다. 갑자기 대표의 목소리 톤이 올라간다. 향로목각이라고도 불렀는데, 성냥갑 내부 양쪽에 나무 조각을 넣어 성냥갑 안의 습기를 흡수하고 또 갑 자체의 견고함을 더했기 때문이었다. 두꺼운 골판지에 의존하던 성냥갑의 획기적인 발명품이었다. 자연히 발화력이 높을 수밖에 없었다. 특히 습기가 많은 항구도시의 뱃사람들에게 인기가 높았다. 가장 활성기에는 하루 15,000갑, 향로성냥 한 갑에 550개의 성냥개비가 들어가니 그 수가 8,250,000개비에 이른다. 향로성냥의 유통권은 경북 동해안 일원을 중심으로 멀리 충무, 마산, 진해, 고성, 부산 등 경남의 해안지역까지 미쳤다. 추운 겨울철 선박의 시동을 걸

때 언 엔진을 녹이기에는 향로성냥만한 성냥이 없었기 때문이었다. 또 한 가지! 향로성냥의 표지 디자인에는 오리 모습을 한 신라청동향로가 그려져 있다. 오리는 절대 물에서 빠져 죽지 않기에 뱃사람들에는 향로성냥과 함께하면 배가 가라앉지 않을 것이라는 소망이 있었다고 한다. 향로성냥 인기의 이유가 애잔하면서도 절실하다. 이제 성냥갑에 적인을 바르는 작업이 마지막 공정이다. 이 작업은 라인페인팅이라 불리는 '적인기'를 사용한다. 적인은 적린, 프로졸, 산화철, 유릿가루 등을 섞어 만드는데, 이 또한 화재 위험이 있기에 조심해야 한다.

필자는 충무(지금의 통영시) 출신이다. 목재소와 조선소 주변에서 살았기에 어린 시절 향로성냥에 익숙하다. 기억하는 인상 깊은 향로성냥의 쓰임새는 베개였다. 당시에는 목침이라 하는 직사각형 모양의 목재베개를 가끔씩 사용할 때였는데, 급하면 향로성냥을 목침 마냥 베고 자던 기억이 생생하다. 그 엄청 위험한 것을 베고 잤다니. 이뿐인가. 성냥개비를 번갈아 가며 쌓으며 무너지면 깔깔거리던 기억도 나고, 미니 성냥갑을 모은다고 억지로 다방을 들락거렸던 기억도 난다. 성냥은 단순한 불쏘시개가 아니라 우리 삶의 소중한 일부였다.

대갑실과 소갑실이 입구의 사무실 근처에 있다. 주문에 따라 최단거리로 유통될 수 있는 시스템을 갖춘 것이다. 공정 시스템과 건물 배치가 체계적으로 구성되어 있다. 건물의 수를 세기가 매우 애매하다. 다용도의 창고나 부속채가 많다. 그래도 운전부, 축목부, 건조부, 소갑부, 대갑부, 배합실 등 주요 건물들만 십 여 채가 넘는 큰 성냥공장단지다.

손진국 대표는 물론, 차남(손학익 상무)도 함께 공장을 지키기 위해 동분서

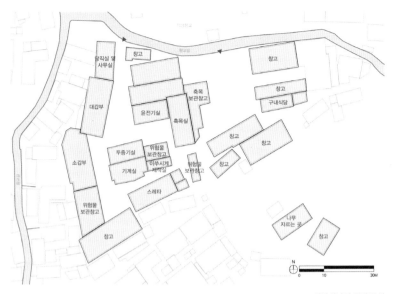

성광성냥의 공간 구성

주하였지만. 2013년에 문을 닫고 만다. 대표께서 허름한 건물을 가리키며 "저게 구내식당인데, 60명 호황일 때 지었지"라고 한다. 지방 소도시에서 직원 60명이면 거의 대기업이라 할 수 있다. 2013년 문 닫을 당시 손상무의 언론 인터뷰 속의 안타까움이 고뇌처럼 들려온다. "약 10년 전부터 무척 힘들었습니다. 최근에는 제가 개인적으로 운영하는 광고기획사에서 매월 600~700만 원을 끌어와 근근이 버텼지만 더 이상 견딜 수가 없었습니다."

더더욱 안타까운 것은 경북산업유산으로의 지정이 2013년 5월이었는데, 2013년 11월에 문을 닫은 사실이다. 지정의 이유 중 하나가 살아있는 유산으로서의 가치 때문이었을 텐데, 채 6개월을 버티지 못했다. 그나마 다행스러운 점은 2012년에 국립민속박물관에서 성광성냥에 대한 매우 세밀한 조사기록(글 손대원, 사진 최지현)을 남긴 점이다. 필자도 이 책을 발견하고 얼마나 기뻤는지 모른다. 사실 본 책의 정확한 수치들도 이 기록에서 인용하고 확인한 것이다. 책이름이 〈의성 성광성냥공업사와 극장 간판화가 백춘태〉다. 부제는 '사라져 가는 직업'이다. 문화인류학적으로 조사된 이 책에 담긴 성광성냥의 이야기는 성냥불마냥 빛이 난다. 기록으로 만이라도 남겨주어 정말 고맙다.

이렇게 점차 잊히던 성광성냥에 변화가 일기 시작했다. 2016년 10월 20일 언론에 실린 "국내 유일의 성냥공장인 '성광성냥'의 손진국 대표가 14억여 원 상당의 공장 부지를 지자체에 기부하겠다는 뜻을 밝혔다."는 대표의 뜻 때문이었다. 대표의 마음은 오직 한가지였다. 이곳을 후대에 유산이자 교육현장으로 제대로 남기고 싶다는 마음이었다. 그런데 본인의 힘만으로는 불가능하니, 건물과 기계 뿐 아니라 부지까지 기부하는 극단의 선택을 한 것이었다.

헤어지는 말미에 천재지변이나 재난을 대비해서 국가적으로 성냥공장 하나는 반드시 존재할 필요가 있다는 손 대표의 말이 귓가에 생생하다. 성광성냥은 모든 것이 완벽히 남아있기에 언제든지 재가동이 가능하다는 확신과 함께.

성광성냥을 다녀온 후 성냥공장을 남기는 방법에 대해 고민을 시작했다. 손 대표의 바람대로 재가동의 가능성을 열어두려면 급한 용도변경을 통한 활용보다는 그 자리, 그 기능체계가 그대로 유지될 필요가 있다. 그렇다면 성냥산업기술박물관의 형식이 바람직해 보인다. 박제된 박물관이나 전

시장이 아니라, 실제 기계를 작동하며 시각 체험과 실습을 할 수 있는 그런 형식을 말한다. 나름대로 결론을 내려 보면, 폴란드의 '첸스토호바 성냥생산박물관'과 일본 나고야에 있는 '토요타산업기술박물관'을 혼합한 모습이 적절해 보인다. 폴란드의 첸스토호바 성냥생산박물관 Museum of the Production of Matches 은 유럽 산업유산트레일의 앵커포인트 중 하나다. 그곳에는 성광성냥의 향로성냥은 없겠지만, 세상의 거의 모든 성냥이 전시되어 있다. 도요타산업기술박물관 トヨタ産業技術記念館 에는 도요타자동차의 탄생이 방직기계 제작과 방직산업에서 출발하였고 그 실증물들이 전시되어 있고, 실제 가동과 체험을 할 수 있는 곳이다.

다시 살려내어야 한다. 돈으로는 환산할 수 없는 이곳을, 사라져가는 지난 세상에 대한 고마움과 소중함을 일깨워주는 이곳을 다시 살아나게 해야 한다.

노당기와, 영주대장간, 성광성냥은 장인이자 기업인 그리고 간절함을 가진 소유주가 있다는 공통점을 가지고 있다. 그들은 전통과 첨단을 넘나드는 기술을 가지고 있다. 흙, 철, 나무에서 시작하여 사람의 기술을 통해 불과 만난 후 생활필수품인 기와, 낫과 괭이, 그리고 성냥이 만들어진다.

라이프 스타일이 바뀌었다 하지만, 지금도 우린 지붕이 있는 집에 살고, 농사를 짓고 텃밭을 가꾸고 있다. 또 다양한 불빛 속에서 살아가고 있다. 그 삶을 있게 한 원형에 대한 관심과 사랑은 이 시대를 살아가는 후손들이 가져야 할 의무라 생각한다. 더더욱 미래 이 땅에 존재할 다음세대에게 그 사실을 정확히 알려주는 것도 우리의 책무이지 않는가.

다섯 번째 이야기

경북은 조국 근대화의 산실이었다

1971년 8월 31일, 경부고속도로가 개통되었다. 1960년대 후반부, 수출 증대를 기본 목적으로 하는 제2차 경제개발계획의 당면과제였던 육로 수송의 혁신을 위한 선택이었다. 연장 425.48㎞의 중간 중간에 새로운 도시들이 재탄생했다. 시점과 종점인 서울과 부산은 물론이고, 인터체인지가 개설된 안성·천안·청주·대전·김천·구미·대구·영천·경주 등도 모두 천지개벽을 했다.

1968년까지 구미는 농촌의 소도읍으로 공업도시의 모습은 찾아볼 수 없었다. 경부고속도로 착공과 함께 공업단지를 물색하던 정부는 구미를 1969년 3월 국가공업단지로 선정했다. 섬유단지와 전자단지로 구성된 제1단지가 1969년 3월부터 1973년 12월까지의 공사 끝에 완공되었다. 이와 함께 경부고속도로의 21번 교차로인 구미IC의 개설은 구미공단에 날개를 달아주었다.

구미IC에서 구미대로 남쪽 방향으로 접어들어, 구미국가산업단지의 관문이라 할 수 있는 광평동 로터리에 이르면 멋지게 하늘로 솟은 높은 탑이 나타난다. 높이 40m, (하부)폭 8m로 세워진 이 탑은 1975년 구미공단 연간 수출액 1억 달러 달성을 기념하기 위해 1976년 9월에 세워졌다. 올해로 43살이 되는 셈이다. '1억 달러 수출산업의 탑'으로도 불리는 산업도시 구미의 대표적인 시설물이다. 하늘로 치솟는 듯한 모습은 가난을 끊고 굶주림

에서 벗어나는 시발점이 된 역동적인 구미공단을 상징하고 있다. 수출탑
이 세워진 자리는 구미대로와 수출대로가 만나는 곳인데, 탑 뒤쪽으로 천
생산이 직선으로 조망된다. 천생산이 동쪽에 있으니 일출시에 탑 너머로
인지되는 후광이 장엄할 것이다.

구미 수출산업의 탑(공평동로터리 일대)

본격적인 개발이 시작되기 전 구미공단 제1단지(1974년 5월)

한국산업단지공단이 1991년 발간한 〈구미공단 20년사 龜尾工團 二十年史 〉에는
수출산업의 탑을 이렇게 기록하고 있다.

"구미공단이 국가 수출산업의 새로운 주자로 나선 1976년, 공업단지 진입
로 확장공사와 함께 구미공단 입구 로터리 지점에 구미공단의 수출에 본
격적 참여를 영구히 기념하고 구미지역의 근대화를 상징하는 수출산업의
탑을 1976년 9월 14일 건립했다. 700여 평 부지에 높이 40m로, 탑신 부분
은 세부분으로 구분돼 근면·자조·협동 勤勉·自助·協同 정신으로 건설·생산·
수출이 무한대로 뻗어 나가는 것을 상징한다. 하단부에는 육각형의 거북
형상으로 구미를 상징하는 동시에 탑신을 굳게 지지하며 가운데 적벽돌
로 쌓아 맞춘 것은 근면과 단합으로 국가 근대화를 이뤄 나가는 것을 의
미한다."

구미공단 수출산업의 탑이 세워진 이듬해인 1977년에 구미공단의 연간 수
출총액은 3억 달러로 급성장했다. 국가적으로는 수출 100억 달러를 달성

대통령이 직접 쓴 제호(輸出産業의塔)

輸出産業의塔 개막식 장면 ©한국산업단지공단

한 해였다. 혹 수출산업의 탑 건립이 대한민국 경제발전의 시발점이 되지 않았을까 하는 호기심이 발동한다. 분명 경북산업유산으로서의 자격이 있다.

구미공단 20년사에 기록된 내용을 다시 살펴본다. 하늘로 치솟은 탑 상단은 근면과 자조, 협동의 정신 속에서 건설, 생산, 수출의 무한한 확장을 뜻하며, 하단의 육각은 거북형상으로 귀미 龜尾, 즉 구미를 상징한다. 그러고 보니 비슷한 시기에 세워진 한산도 제승당 앞바다에 있는 거북등대와 유사한 개념이다. 뭔지 모를 지도자의 뜻이 담겨있는 듯하다. 적벽돌로 쌓은 탑 전면 중앙부에 박정희 대통령의 친필 휘호인 '輸出産業의塔'이 새겨져 있다. 당시 최대의 국가지상과제였던 '수출 증대'에 대한 일념이 담겨있다고 할 수 있다. 준공식 장면이 남아있다. 낯이 익숙한 분도 있다. 한 사람 한 사람의 역할이 궁금하지만 다음으로 미룬다.

울산에도 비슷한 탑이 있다. 울산공업탑이라 부르는데, 이 탑은 1962년 울산군의 특정 공업지구 지명과 울산공업센터 건설 이

후 울산의 공업 발전을 기원하기 위해 1967년에 세워졌다. 승리를 상징하는 월계수 잎과 지구본이 자리한 탑 상부를 다섯 개의 기둥이 받치고 있는데 이것은 경제개발 5개년 계획과 울산 인구가 50년 안에 50만이 되기를 기원하는 의미를 가졌다고 한다. 탑 주변에는 근면과 인내를 상징하는 남성 2인이. 동쪽 해를 맞는 여성 1인의 동상도 함께 있다. 형상이나 구성은 다르지만, 공업화를 통한 국가 번영에 뜻은 많이 닮았다.

다시 구미로 돌아간다. 1968년에 국가는 '경북 구미 산업단지 및 신시가지 조성사업'을 수립하였다. 이를 근거로 1973년에 섬유 중심의 일반단지와 전자단지로 구성된 공단1단지를 조성하였다. 공업단지 조성에 따른 인구 수용을 위해 기존 시가지 인근에 구미신공업도시를 계획하였고, 김천-구미-왜관-대구를 잇는 광역도시권(경부축)도 구상하였다. 결과적으로 구미의 도시 공간구조는 경부고속도로가 도시를 관통하며 양분되고 말았다. 고속도로를 중심으로 서쪽이 도시지역이고, 동쪽은 산업지역이다. 고속도로 동쪽 옆에 자리한 수출산업의 탑이 공간 구분의 상징이자 도시가 양분된 안타까움을 표하는 것 같다.

탑에서 불과 5분 거리에 '오운여자상업고등학교'가 있다. 섬유산업의 대표 주자였던 코오롱(현 코오롱인터스트리구미공장)이 학업을 중단하고 산업 현장으로 뛰어 든 어린 여공들을 위한 설립한 배움터였다. 1979년 3월 '참되게 배우고 바르게 일하고 슬기롭게 살자'라는 교훈을 걸고 오운여자상업고등학교(원래 이름은 코오롱 부설 실업고등학교)가 개교되었다.

국가의 집중적인 공업화 정책으로 기능근로자 수요가 급증하게 된다. 구미공단에서도 새로운 기능자들을 수급하기 위해 기능근로자양성소를 설

쓸쓸하게 남아있는 오운여상의 전경

치하는 등 수급 대책을 추진했다. 공단과 기업들이 자체적으로 기술양성소를 갖추기 시작하면서, 보다 체계적인 교육의 필요성이 요구되었다. 구미 1공단의 섬유업체 대부분의 주력 사원이 학업을 마치지 못한 여사원들이다 보니, 이들의 학교 교육에 대한 기대감도 높아갔다. 이러한 이유로 국가는 1977년 2월 「산업체근로청소년의교육을위한부설학교설치기준령(대통령 제8462호)」을 제정하였고, 이를 근거로 산업체 부설학교들이 세워지기 시작하였다. 구미공단에서는 코오롱과 동국방직이 각각 오운여상과 동국여고를 개교했다.

코오롱은 여성들의 섬세한 손길이 필요한 섬유산업이 주력산업이기에 설립 때부터 청소년 교육, 특히 여사원들 교육에 지대한 관심이 많았다고 한다. 1978년 당시 2,000여 명의 종업원들 중, 중학교만 졸업하고 경제 문제

경북산업유산을 둘러 봅니다 | 169

로 상급학교 진학을 하지 못했던 어린 여사원들에 배움의 기회를 제공하기 위한 목적으로 코오롱 공장부지 내에 교지 667평, 체육장 690평, 일반교실 4실, 특별교실 6실, 시청각실, 도서실, 음악실, 미술실, 상담실, 양호실 등으로 구성된 오운여상이 탄생되었다. 그리고 보니 오운여상의 오운^{五雲}이 코오롱의 창업주 이원만(1904~1994) 명예회장의 호다.

구미시의 도움으로 〈오운이십년사 ^{五雲二十年史}〉라는 책을 구했다. 다양한 활동과 기록들이 남아있다. 46쪽과 47쪽에 걸쳐 김선굉 시인의 '섬백리향 같은 마음으로 사랑하여요'라는 축시가 있다. 구구절절 당시 일하며 공부했던 학생들의 애달픈 마음이 담겨있다.

1회 졸업생인 배계화 교사의 시가 있다. 그대로 옮겨온다.

지금 그 아이들은
- 배계화 · 구미중학교 교사, 1회 졸업생

시골에
한 아이가 있었습니다.
소 먹이고
보리 이싹 줍다
오빠 등록금 벌러
마른 버짐 핀
열일곱 그 아이
백리 밖
구미에 내렸습니다.

오운여상 졸업앨범 사진

첫 월급 6,700원
편지 속에 동봉하여
집으로 보내고
그 아이
처음으로
화사하게 웃었습니다.

일에 닳은 손톱 아리고
손바닥 굳은 살 더해 갈수록
그 아인
목이 타고
가슴이 차가워지기 시작했습니다.

얼음되었던 그 아이
스무살에
코오롱 부설 실업고등학교의
여고생이 되면서
새로운 봄을 맞았답니다.

그 아이와 비슷한 또래
280명 아이들
엄마 병원비며, 동생 학비며
단칸방 월세 걱정에서
잠시 벗어나
목덜미까지 붉혀 가며
목놓아 울었던
79년 3월을 결코 잊지 못합니다.

누가 잘나지도
누가 못나지도 않은
그 아이들
손을 잡고 마음 걸어
하나가 되었습니다.
눈을 흘키고
언성 높여 다투어도
정은 새록새록 깊어만 갔습니다.

기숙사 소등 규칙 때문에
이불 속에 켜둔 후레쉬 불 아래
책을 뒤적이던
그 아이들
잎을 다 버리고도
죽지 않는 겨울 나무를 닮아갔고
어둔 밤이 지나가며
새벽의 경이를 알았습니다.

아저씨, 언니라는 말에 익숙하여
행여 실수할까봐
'선생님'이란 단어를
수십번씩 마음 속으로 되뇌던
그 아이들
장대비 속 우산되시고
해진 마음 기워주시던
선생님들의 사랑으로
삶의 귀함을 알았습니다.

쏟아지는 졸음에
다리 휘청거려도
기름때 묻은 손으로
서로 얼굴 닦아 주던
그 아이들

등 두드려 다독여주던
작업장 상사, 선배의 따슨 마음으로
주어서 채워지는
지혜를 배웠습니다.

자지러지게 피었다
흔적없이 지는 벚꽃이기보다
들꽃으로, 박꽃으로 살았던
그 아이들
공단동 212번지 향한
해바라기 마음
변하지 않았습니다.

아내되고 엄마되어 살아가느라
헤어진 시간 길었어도
한 순간에 메워지는
그 아이들
가슴 뻐근한 사랑의 이 자리에서
여럿이 잡은 손의 힘 빌어
다시 용기 얻습니다.

언 땅 헤집고 생명 얻어
스무해 동안
때론 햇빛으로
때론 샘물로 다가와
흔들림 없는 뿌리 내리게
도와주신 모든 분들께
삼천여 오운의 그 아이들
무릎 꿇어 큰 절 올립니다.

오운이 성인되는 2000년
길지 않은 생명의 자락 접게 되지만
우리 모두의 가슴 속에 흐르는
오운의 강물은 영원히
멈추지 않을 것입니다.

시간이 흘러 3,116명의 졸업생을 배출한 후 오운여상은 2000년 3월 1일 자로 폐교했다. 하필 개교 20주년이 되는 해였다. 1990년대 말에 몰아친 IMF의 영향이 컸던 것 같다. 235명에서 시작한 1회 졸업생 수가 1997년에는 24명으로 줄었다. 폐교는 어쩔 수 없는 선택이었다. 섬유업체의 자동화와 일반고교 진학자의 증가로 산업체와 연결된 인력이 크게 줄어들면서 50여 개소가 넘던 학교들이 1990년대 중반부터 일반고로 전환되거나 폐교의 길을 걸었다. 2018년 현재 산업체 부설학교는 모두 사라져 버렸다.

기록으로 남겨 본다. 경방여자중·실업고등학교(경방), 동명상업고등학교(방림방적), 정풍고등학교(정풍물산), 태양공업고등학교(태양금속), 한강실업고등학교(한국지퍼), 삼화여자상업고등학교(삼화고무), 시온식품과학고등학교(한일물산), 조견여자상업고등학교(조선견직), 태광여자상업고등학교(태광산업), 태창여자상업고등학교(태창기업), 태화여자상업고등학교(태화고무), 효성여자상업고등학교(협진양행), 성일여자실업고등학교(제일모직), 이현여자고등학교(갑을방적), 자산여자상업고등학교(갑을방적), 한일여자실업고등학교(한일합섬), 동일여자중·상업고등학교(동일방직), 홍은여자고등학교(금하방직), 정풍고등학교(정풍물산), 충일여자고등학교(충남방적), 혜천여자고등학교(동방산업), 대덕여자고등학교(풍한방직), 대기여자상업고등학교(한국지퍼), 수영여자고등학교(충남방적), 신의고등학교(대한모방), 인경고등학교(경방), 풍명실업고등학교(캠브리지), 태창정보고등학교(태창기업), 경진실업고등학교(코오롱), 동국여자실업고등학교(동국방직), 성암여자실업고등학교(제일합섬), 오운여자상업고등학교(코오롱), 경암여자상업고등학교(세풍합판), 이산여자상업고등학교(쌍방울), 정명여자상업고등학교(백양), 청구여자중,상업고등학교(청구물산), 연화여자중,고등학교(동방방직), 예덕실업고등학교(충남방적), 청운여자고등학교(충남방적), 홍은여자고등학교(금하방직), 양백상업고등학교(대농), 석천여자상업고등학교(서한모방), 마산한일여자실업고등학교(한일합섬/일반고전환), 김해한일여자실업고등학교(한일합섬/일반고전환), 수원한일여자실업고등학교(한일합섬/일반고전환), 태화여자상업고등학교(태화방직/일반고전환), 동원여자상업고등학교(대양고무/일반고전환). 국가 근대화의 과정에서 보면 참으로 고마운 학교들이었다.

오운여상의 경북산업유산 지정은 특별한 의미를 가진다. 학교 시설 자체를 산업유산이라고 얘기하기에는 무리가 있지만, 공장부지 내에 여사원들의 교육을 위한 산업체 학교이니 충분히 산업유산으로 바라볼 수 있는 것이다. 다만, 전국 50여 곳의 산업체 학교들이 모두 사라진 지금 오운여상만이 그 실체가 남아있으니 이를 지켜가려는 방안이 필요하다 하겠다.

경제개발이 본격화되기 전인 1950년대 국가 근대화의 바탕을 제공했던 산업유산이 문경에 있다. 6.25전쟁으로 붕괴한 한국경제 재건을 목적으로 1950년 12월 1일 제5차 국제연합(UN) 총회의 410(5)호 결의에 의거해 설립된 UNKRA(국제연합한국재건단, 이하 '운크라')는 1950년 1월부터 1958년 6월까지 활동하며 산업, 교통, 통신복구 및 주택, 의료, 교육시설 개선사업을 실시했다. 전쟁 중에는 민간인에 대한 긴급구호 활동에 초점을 두다가, 휴전 후인 1954년 5월 「한국경제원조계획에 관한 대한민국과 국제연합재건단과의 협약」을 체결하면서 본격적인 활동을 시작했다. 우리나라는 운크라로부터 약 1억 2천만 달러 이상을 원조 받았고, 그 원조금으로 인천판유리공장, 문경시멘트공 장, 충주비료공장 등의 산업시설과 국립중앙의료원을 조성하였다.

현재 네 곳 중, 인천판유리공장은 장소와 현장이 모두 훼손되었고, 충주비료공장은 안타깝게도 요소비료탑 만이 남아있다. 국립중앙의료원은 지원센터만 보존되 어 있다. 반면, '문경시멘트공장(현 쌍용양회문경공장)' 은 거의 완벽한 모습으로 보존되어 있다. 1957년에 완 공된 문경시멘트공장은 시멘트 생산이 당시 국가기간 산업이었기에 관심이 매우 뜨거웠으며, 준공식에는 이 승만 대통령이 참석하기도 했다. 1960년대에는 당시 국민학교 교과서에 수록될 정도였고 수학여행단이 방 문하기도 했다고 한다.

약 6만여 평에 이르는 문경시멘트공장에는 1996년 이 후 가동이 중단된 국내 유일의 시멘트 제조시설인 '습 식고로(킬른방식)' 4기가 보존되어 있다. 또한 공장 내 건축물 및 설비시설의 80% 이상이 변하지 않은 상태로 남아있어 산업유산으로서의 가치가 뛰어난 편이다.

그러나 안타깝게도 문경시멘트공장은 2017년 경북산 업유산으로 지정되고 한 달이 지난 후, 노후시설에 따 른 안전에 문제가 있다는 쌍용양회 측의 요구로 지정

한국경제 원조계획에 관한 대한민국과 국제연합재건단과의 협약(1954년 5월) ©국가기록원

문경시멘트공장 준공식에 참석한 이승만 대통령(1957년 9월 26일) ©국가기록원

해체되고 말았다. 입구 무재해 기록판에 현재 날짜가 2018년 4월 26일이다. 폐업(4월 30일) 나흘 전에 기록이 멈춰버렸다. 폐업 후 여러 가지 미래 방안을 모색 중이다 보니 사진 촬영에 매우 민감하다. 눈앞에 이리 엄청난 유산을 두고도 카메라를 사용할 수 없었던 두 시간여의 시간은 필자에겐 정말 고통스러운 순간이었다.

그럼에도 쌍용양회 측의 관리자를 통해 자세한 설명은 들을 수 있어 이를 위로로 삼았다. 100m가 넘어 보이는 가늘고 긴 4기의 고로가 정면부에 가장 눈에 들어온다. 그 고로들은 또 다른 4기의 굴뚝과 연결되어 있다. 시멘트는 23만여 평에 이르른 인근의 석회석 광산에서 채굴된 석회석을 분쇄하여 물과 희석한 후 고로를 통해 1,400도에서 생산되었다고 한다. 사실 이곳의 폐업 이유가 이 석회석의 확보 문제와 직결되어 있었다. 문경의 석회석이 모두 소진되자. 1994년도부터 영월에서 원료를 받아 주평역(폐역)을 통해 석회석을 공급받았지만, 이 또한 물류비가 지나치게 들어 결국 가동을 중지할 수밖에 없었다는 것이다. 설비 자동화가 이뤄지기 전에는 약 1,600명이 일을 했고, 총 5곳 420가구의 사택단지도 보유할 정도였다 한다. 함께 둘러보던 경북도청의 고완욱 사무관이 문경 출신이었다. 어린 시절 사택단지에 살던 친구들은 부러움의 대상이었다는 말을 보탠다. 문경 시멘트공장의 위상을 상상하기에 충분하다.

톱날을 닮은 공장단지 안으로 들어간다. 사용 가능한 장비들은 이전한 상태이지만 기초적인 대부분의 장비는 남아있다고 한다. 사일로들의 모습이 인상적이다. 최초의 것은 5기이고 2기는 추가로 건설되었다. 시멘트 원료를 쇠구슬로 잘게 부수는 기계인 '볼밀'이 남아있고, 원료를 섞는 '교반기'도 3대나 된다. 사진을 찍지 말라니 어쩔 수 없이 머릿속에 저장만 했다. 그런데 국가기록원 자료에 1962년 당시 박정희 의장이 이곳을 방문한 사진이 있다. 필자가 걸었던 그 동선인 것 같다.

걱정 반 기대 반이다. 경북도가 보존을 위해 노력 중이니 어느 정도 안심은 되지만, 자본주의사회이니 소유주의 맘에 따라 공장, 아니 대한민국 근대화를 상징하는 산업유산이 하루아침에 사라질 수도 있다. 모두의 관심과 정성이 절대적으로 요청된다.

박정희 의장의 문경시멘트공장 시찰
(1962년 9월 15일) ⓒ국가기록원

'경북은 조국 근대화의 산실이었다.'라는 제목과 연계된 유산들은 각기 상황은 다르지만, 대부분 박정희 대통령과 관련이 있다. 많이 엉뚱해 보이지만 경주 보문단지 내에 있는 '코모도호텔'도 그런 곳이다. 1979년 보문단지 개장과 함께 최초 호텔로 건립된 (당시)경주조선호텔은 대통령이 보문단지 건설 시찰을 위해 방문했을 때 숙박했던 곳이다. 10층에 대통령이 사용했던 객실 '1114호'가 그 곳이다. 대통령 생일을 딴 방 번호와 'PRESIDENT PARK SUITE'라는 방 이름도 흥미롭다.

80평형인 방의 내부는 당시 모습 거의 그대로다. 대통령을 상징하는 무궁화 휘장이 벽에 보이고, 당시

대한민국 운크라 합동재건기념비(쌍용양회 문경공장)

1114호, PRESIDENT PARK SUITE의 로비 전경

의 가구, 시설 등 거의 모든 것이 보존되고 있다. 창문으로 밖을 보니 보문단지 호수와 단지 대부분이 펼쳐져 보인다. 아마 이곳에서 보문단지 개발을 진두지휘했던 것 같다.

흥미로운 점은 현재도 이 객실이 운영되고 있다는 것이다. 하루 숙박비가 480만 원이다. 놀라는 표정을 보고 121만 원이라는 비수기 가격도 알려준다. 가격이 비싼 반면에 지역주민과 숙박객의 관람 요청이 있을 때는 객실을 일시적으로 무료개방하기도 한다고 한다. 1층 식당에서는 대통령이 즐기던 식단을 대통령의 밥상으로 메뉴화도 하고 있다. '대통령 마케팅'인 셈이다. 점심은 '소담한 생각 밥상'이며 보리밥, 시레기된장찌개, 고등어조림, 비름나물무침, 버섯나물, 두부전, 백김치, 겉절이, 식혜로 구성되어 있다. 저녁은 '가장 따뜻한 밥상'으로 판매 중인데, 해물파전, 된장찌개, 한방돼지보쌈, 쌈야채, 오이소박이, 콩잎지, 콩나물 무침, 김치, 과일로 구성되어 있다.

이름이 왜 코모도인지 물어보았더니, '경주조선호텔'로부터 인수할 때 이름을 코모도로 변경하였다고 한다. 다시 원래의 이름으로 되돌리려고 했으나 이미 다른 곳에서 사용하고 있어, 그럴 수 없는 안타까운 상황이 되었다고 한다.

경북산업유산
그 하나하나의 이야기

상주잠령탑

상주잠령탑은 전국 최고, 최대의 누에고치와 명주 산지로 이름난 상주의 양잠업을 상징하고 양잠산업과 문화를 상징하는 비석 형태로 된 산업유산이다. 상주잠령탑은 누에의 영혼의 기리는 탑으로, 비석에 음각된 '잠령 蠶靈'이라는 흰 글자는 하얀색의 누에를 상징한다.

잠령탑은 1930년 대구 신천동 원잠종제조소에 처음 건립하였고, 1962년에 상주로 이전하여 현재 상주시 함창면 함창명주테마공원 내 잠사곤충사업장에 자리하고 있다. 잠령탑에서는 봄누에(춘잠)가 시작되기 전인 5월에 누에의 영혼을 위로하고, 한 해 누에농사의 풍요를 기원하는 잠령제인 '풍잠기원제'를 매년 개최하고 있다.

주소 • 경상북도 상주시 함창면 함창명주테마공원 잠사곤충사업장 내
설립 • 1930년(비석 기록)
소유 • 경상북도

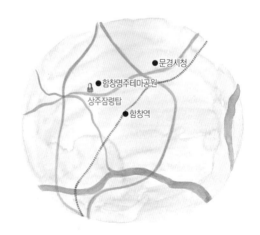

(구)잠실

(구)잠실은 경북 상주시 내서면 노류리에 있다. (구)잠실은 1970년대 후반에 건립되어 탄생 역사는 비록 짧지만, 전통적인 잠업을 위한 공간 형태가 원형으로 남아있어 근대산업으로서 양잠산업의 역사와 생산문화의 보존 가치가 높은 유산으로 평가된다. (구)잠실의 소유주는 상주잠상영농조합 법인의 김정용 대표로 2대째 가업계승 중이며, 동생인 김길호 교수(경북대 생명자원공학과)와 함께 잠실을 보존하고 있다.

주소 • 경상북도 상주시 내서면 노류리 356-9
설립 • 1970년대 후반부(등록표기 1985년)
소유 • 김정용

단층구조의 (구)잠실은 누에 키우기에 적합한 온도와 습도를 조성하기 위해 벽을 흙과 짚으로 만들었고, 빛과 온도를 유지할 수 있는 천정 통풍시설이 설치되어 있는 잠업을 위한 과학적인 건물로 평가된다.

풍국정미소

풍국정미소는 3대째 가업으로 승계하고 있으며, 영주시 영주1동 85-4에 자리하고 있다. 우길언 대표는 큰아버지로 부터 풍국정미소를 승계 받아 1966년부터 운영을 하였다. 풍국정미소는 일제강점기부터 운영되어 영주에 있는 정미소들 중 '허가 1번'의 역사적인 유산이며, 건물과 각종 정미시설, 책상 및 사무실 집기 등을 원형으로 보존하고 있다.

주소 • 경상북도 영주시 영주1동 85-4
설립 • 1966년(일제강점기부터 운영)
소유 • 우길언

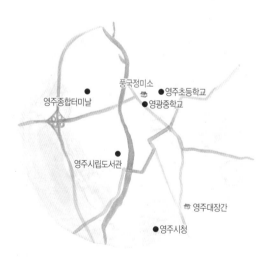

2016년에 영업을 중단하였으나, 2018년 문화재청으로부터 풍국정미소 일대 26,377㎡(153필지)가 영주의 근대생활사를 이해할 수 있는 근대문화지구로 지정(문화재 제720호)받았고, 풍국정미소 또한 등록문화재 제720-5호로 지정되었다.

묵상정미소

상주시 사벌면 묵상리 114에 입지하고 있는 묵상정미소는 1956년에 설립
되었다. 안재현 대표는 1970년대에 묵상정미소를 인수하여 오늘에 이르고
있다. 과거에는 정미소 주변에 주막이 위치하여 지역민들의 방문이 잦았
고, 상주 사벌면 일대에서 생산되던 대부분의 쌀을 이곳에서 정미하며 활
황을 이루었다. 가장 매출이 많았을 때는 하
루에 70가마를 도정하였다고 한다.

묵상정미소 내에 보존 중인 정미기계들은 지
역민들의 정미 요청이 있을 경우 실제 가동
을 하거나, 체험 목적의 가동도 가능한 상태

주소 • 경상북도 상주시 사벌면 묵상리 114
설립 • 1956년
소유 • 안재현

이다. 앞으로 사벌면 일대 50ha 규모의 농경지에 2021년까지 스마트 팜 혁신 벨리가 조성될 예정이어서, 묵상정미소 일대는 근대 농업기술과 미래 농업이 공존하는 새로운 농업관광의 현장으로 육성될 가능성이 높다.

영양탁주합동

영양탁주합동은 영양군 영양읍 동부리 550−6번지에 입지하고 있다. 이 양조장은 1926년에 설립되어 우리나라에서 현존하는 가장 오래된 막걸리 양조장이며, 소유주인 권시목 대표는 3대째 가업을 계승 중에 있다. 그러나 2017년에 영업을 중단한 상태다.

영양탁주합동은 양조장 유산의 절대 조건인 진정성과 완전성을 동시에 갖추고 있는 것으로 평가된다. 1920년대의 원형이 그대로 남아있으며, 원료

주소 • 경상북도 영양군 영양읍 동부리 550−6
설립 • 1926년
소유 • 권시목

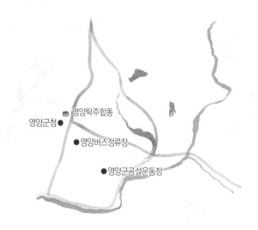

반입을 위한 마당, 원료창고, 곡자창고, 국실, 고두밥 찌는 장소, 발효실 등으로 이어지는 생산 과정이 온전하게 보존되어있다. 왕겨를 넣은 벽채와 이중창 등 양조장의 온도 유지를 위한 시설들과 곡물 분쇄기, 밀가루 반죽기, 고두밥 찜통 등의 도구들도 옛 모습 그대로 남아있다.

용궁합동양조장

용궁합동양조장은 예천군 용궁면 용궁로 139번지에 자리하며, 현재 권순만 대표가 2대 계승 중에 있다. 1960년에 설립되었고, 당시 양조장으로서는 보기 드문 2층 벽돌구조다. 이중창으로 된 발효실과 각종 발효도구들과 설비시설들이 원형으로 보존되어 있다.

용궁합동양조장이 있는 용궁지역은 좌우에 금천과 복계천이 흐르는 양질의 수량을 가진 지하수가 풍부한 지역으로 널리 알려져 있다. 용궁합동양조장 또한 이 지하수로 막걸리를 생산하고 있으며, 이곳에서 생산된 막걸리는 최근 관광 기차역으로 발돋움한 용궁역과 용궁막창순대의 유명세와 함께 지역 명물로 자리매김하고 있다.

주소 • 경상북도 예천군 용궁면 용궁로 139
설립 • 1960년대
소유 • 권순만

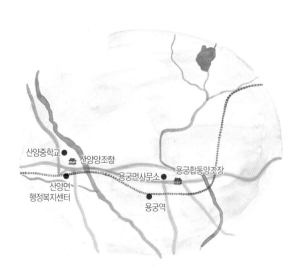

상주주조

상주주조는 1928년에 상주주조주식회사(尙州酒造株式會社)라는 이름으로 상주 도심부에 건립된 역사적인 양조장이다. 양조장은 1912년 상주읍성이 해체된 후, 북문이 있던 읍성 주변부 터 또는 인근부지에 건립된 것으로 추정된다.

상주주조는 1985년에 문을 닫았다. 폐업 후 30여 년 동안 6~7채의 건물들이 양조장 터에 방치된 채 있었는데, 상주시가 2018년 2월에 부지 전체를 매입하여 새로운 변화를 준비하고있다. 尙州酒造株式會社라는 명칭이 세로 방향으로 새겨져 있는 굴뚝과 2층 벽돌조의 사무실 건물은 보존하였고, 나머지 건물들은 철거하였다.

주소 • 경상북도 상주시 상산로 223
설립 • 1928년
소유 • 상주시장(2018.02.21. 매입)

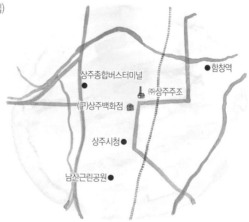

산양양조장

산양양조장은 1944년에 산양합동양조장이란 이름으로 설립되었다. 산양
양조장은 건물 전면의 합각지붕과 노출 목골조 등 일식건축의 특징을 보
유하고 있어, 시대상을 대변하는 근대건축물로 평가된다. 10여 년 전에 폐
업하였으나, 국실 상부에 솟을지붕과 왕겨를 넣은 천정 등 종균 보양을 위
한 양조건축물의 온·습도 조절 기능과 그 특성이 온전하게 보존되어 있
다.

양조장 길 건너에 1945년에 지어진 문경구금융조합사택(등록문화재 제

주소 • 경상북도 문경시 산양면 불암2길 14-5
설립 • 1944년
소유 • 권만하

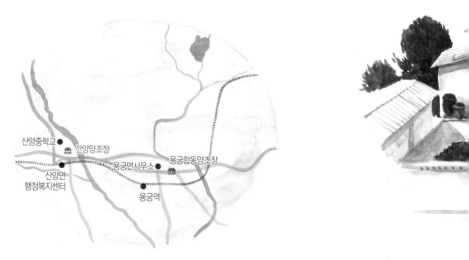

289호)과 미곡창고군이, 연접하여 흐르는 금천 주변부에
는 10개소의 정자와 서원 등이 입지하고 있어, 산양양조
장을 중심으로 이러한 지역 특성을 활용하기 위한 특별한
문화관광이 모색되고 있다.

노당기와

경주시 안강읍 노당리 487-1번지에 자리하고 있는 노당기와는 1940년 정상갑 옹에 의해 창업되었고, 정문길 장인에 의해 3대째 가업계승 중에 있다. 현 정병태 노당기와 대표는 4대 계승자이자 예비 장인으로 활동 중이다. 현재 노당기와에는 전통식 가마인 두꺼비가마들과 다양한 기와제작을 위한 도구들, 그리고 제작된 기와들이 원형으로 보존되어 있다.

정문길 장인은 1979년에 와장 1호, 1983년에 문화재수리기능보유자 670호, 경상북도 무형문화재 제43호로 임명되는 등 전통기와제조의 최고 장인으로 인정받고 있으며, 현재 노당기와 후면부 구릉지에 오름가마를 원형 조성하여 전통방식의 기와제조기술을 계승하고 있다.

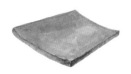

주소 • 경상북도 경주시 안강읍 노당리 487-1
설립 • 1940년
소유 • 정문길

노당기와

흥덕왕릉 ●

● 위덕대학교
● 경주양동마을

안강역 ●

성광성냥

의성군 의성읍 도동리 769번지에 입지한
성광성냥은 1954년에 양태훈씨, 김하성씨,
이문선씨 등 3인 창업주 체제로 설립되었
다. 현 손진국 대표는 18세에 입사하여 평
생을 성광맨으로 살아 왔으며, 전무와 공동
주주를 거쳐 대표이사가 되었다.
성광성냥은 우리나라에 유일하게 현존하
는 성냥공장이다. 축목부, 건조부, 운전부,

주소 • 경상북도 의성군 의성읍 도동리 769
설립 • 1954년
소유 • 손진국

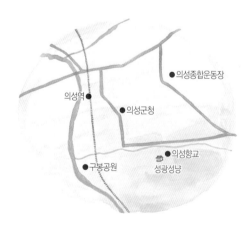

소갑부, 대갑부, 배갑부 등 성냥 생산의 전 공정이 기계들과 함께 완벽하게 보존되어 있는 역사적인 성냥공장이자 살아있는 산업유산으로 평가된다. 60년 동안 가동되다 2013년에 문을 닫았고, 현재는 성냥제조의 공정과 체험을 테마로 한 다양한 재활용 방안을 모색 중에 있다.

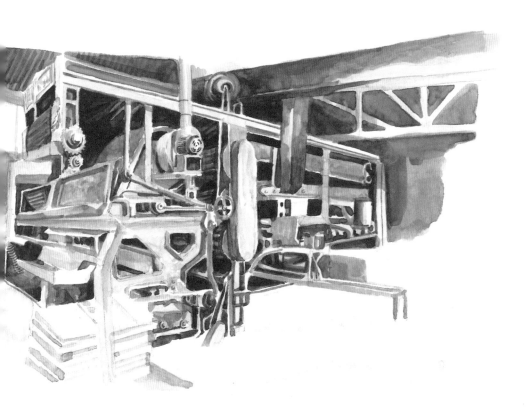

영주대장간

영주대장간은 우리나라의 실질적으로 유일한 대장간으로 평가된다. 1976년 설립이후 50여년이 넘도록 이곳을 지키고 있는 석노기 장인은 전통방식으로 도구 제작을 하는 현존하는 최고의 대장장이로 알려져 있다. 장인은 숭례문 복원사업에도 연정(대못) 제작에 참여하였고, 지금도 연 7~8회 이상 전국의 축제에서 대장간을 시연하고 있다.

영주대장간에는 전통 및 근대시대의 각종 기계시설들이 보존되어 있으며, 약 50가지의 농기구를 생산하고 있다. 주생산품은 낫(조선낫, 풀낫(양낫/외낫)), 괭이, 세발 쇠스랑, 호미(5종류), 거름대, 약초거름대(창) 등이며, 각종 식도들과 엿장수 가위 등 생활도구도 제작하고 있다.

최근에는 영주대장간의 호미가 미국 인터넷 쇼핑몰인 아마존 amazon 에서 원예용품 판매순위 톱10에 드는 등 국위선양도 하고 있다.

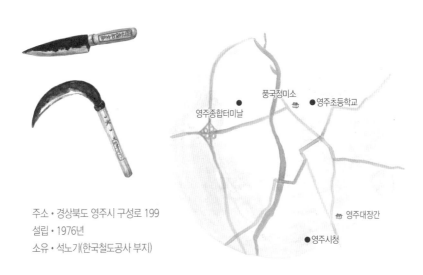

주소 • 경상북도 영주시 구성로 199
설립 • 1976년
소유 • 석노기(한국철도공사 부지)

오운여상

오운여상은 1979년, 구미국가산업단지 1호 기업인 코오롱 공장 내에 설립된 학교(교지 667평, 체육장 690평, 일반교실 4실, 특별교실 6실, 시청각실, 도서실, 음악실, 미술실, 상담실, 양호실 등)이다. 오운여상은 근대 우리나라 산업 성장의 한 축이었던 섬유산업에 종사하였던 여공들이 주경야독했던 산업체 부설 교육시설이다.

3,116명의 졸업생을 배출한 후 오운여상은 2000년 3월 1일자로 폐교했다.

현재에도 오운여상은 코오롱 내 부지에 위치하고 있으며, 경북도 내에 유일하게 남아있는 산업체 부설 학교로써, 매우 특별한 의미와 가치를 가진 산업유산으로 평가된다.

주소 • 경상북도 구미시 공단동
설립 • 1979년 개교, 2000년 폐교
소유 • ㈜코오롱

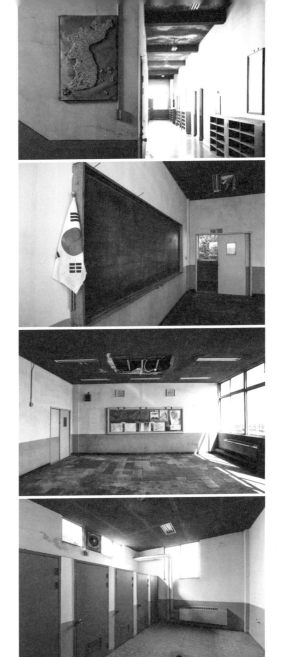

수출산업의 탑

구미공단 입구 로터리(광평동 51-19번지) 700여 평 부지에 입지한 수출산업의탑은 수출 전선에 본격적인 참여를 시작한 구미공단의 상징성을 영구히 기념하고, 구미지역의 근대화를 상징하기 위해 1976년 9월 14일에 건립되었다.

수출산업의 탑은 높이 40m로, 탑신 부분은 3부분이며 근면·자조·협동정신에 기반한 건설·생산·수출이 무한대로 뻗어 나가는 것을 상징한다. 육각형의 거북형상인 하단부는 구미를 상징하는 동시에 탑신을 굳게 지지하며, 하단 중심부의 정교하게 쌓은 벽돌부는 국가근대화를 위한 근면과 단합을 의미한다. 탑 전면의 '輸出産業의塔' 글씨는 박정희 대통령의 친필 휘호이다.

주소 • 경상북도 구미시 광평동 51-19
설립 • 1976년
소유 • 한국산업단지공단

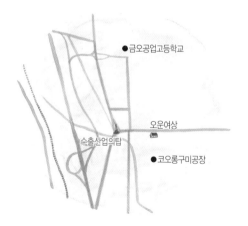

● 금오공업고등학교

오운여상

수출산업의탑

● 코오롱구미공장

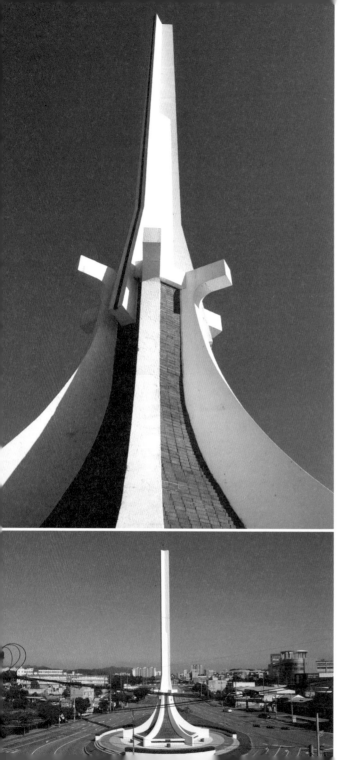

코모도호텔

경주시 보문단지 내에 있는 코모도호텔은 보문단지 개장과 함께 1979년에 세워진 보문단지 최초의 호텔이며, 원래 이름은 경주조선호텔이었다. 당시 박정희 대통령이 보문단지 건설을 진두지휘하기 위해 방문 할 때 호텔 10층을 객실로 사용하였으며, 이를 기념하여 객실 번호를 1114호(대통령 출생일 11월 14일)로, 객실 이름을 'PRESIDENT PARK SUITE' 로 명명하여 보존하고 있다.

호텔에서는 당시 대통령 무궁화휘장, 가구, 시설 등 인테리어를 보존하여, 현재도 객실을 운영 중에 있다. 또한 대통령이 즐기던 메뉴를 '소담한 생각 밥상'과 '가장 따뜻한 밥상'으로 개발하여 레스토랑에서 실제 판매도 하고 있다.

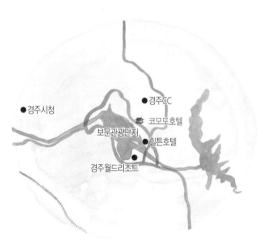

경주시청
경주CC
코모도호텔
보문관광단지
힐튼호텔
경주월드리조트

주소 • 경상북도 경주시 보문로 422
설립 • 1979년
소유 • 신성용, 신경록

240

(구)상주백화점

상주시 중앙로 220번지에 위치하고 있는 (구)상주백화점은 정확한 설립 연도의 파악은 어려우나, 상주박물관이 배경으로 보이는 상주시가지 전경 (1930년도 촬영)을 통해 설립 연도를 그 즈음으로 파악하고 있다.

주소 • 경상북도 상주시 중앙로 220
설립 • 1930년으로 추정
소유 • 윤연희, 장광희

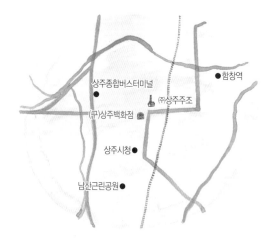

백화점에서 일반 상업업무기능으로 전용된 시기 또한 정확하진 않으나, 근대풍의 외관이 잘 보존되어 있어 일제강점기에 건립된 근대건축물로서의 가치는 충분한 것으로 평가된다.

구담성당대죽공소

천주교안동교구의 자체 기록(1953년 11월)에 따르면, 당시 6개군의 17개 공소에 구담성당대죽공소가 있었다는 사실이 확인된다. 이에 구담성당대죽공소의 건립 시기를 1950년대 초반으로 추정하고 있다. 예천군 지보면 대죽길 39번지에 위치한 구담성당대죽공소는 아치형 창문을 가진 2층 구조이며, 예천군 지보면 지역신자들이 직접 건립한 것으로 알려져 있다.

주소 • 경상북도 예천군 지보면 대죽길 39
설립 • 1950년대 초중반
소유 • (재)천주교안동교구유지재단

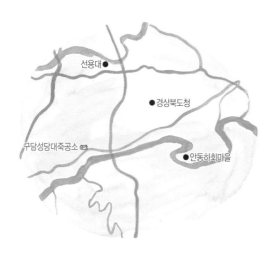

공소는 원래 주임신부가 상주하지 않는 지역의 신자들의 모임장소이나, 구담성당대죽공소는 예배장소로는 물론 지역민이 함께하는 마을공동작업장 기능으로 활용되는 공동체의 농업활동을 지원하는 장소로 사용되어, 농업관련 산업유산으로 분류된다.

경북산업유산,
궁금한 미래

산업유산 존재의 요건

산업유산은 기능이 쇠퇴한 후 버려진 땅을 칭하는 '브라운 필즈 brown fields' 에 속한다. 이는 다시 다크 dark 와 라이트 light 로 나누어진다. '다크 브라운 필즈'는 환경오염 등 산업기능의 단절로 인한 후유증이 심한 상태의 유산 이며, 이에 반해 '라이트 브라운 필즈'는 부정적인 요인이 적고 창의적인 아 이디어에 따라 변형 가능하다. 따라서 산업시설의 거친 인공미와 세련된 현대적 디자인의 결합, 즉 요즘 유행하는 빈티지 문화의 현장이 되곤 한다. 또한 다크는 비도시지역에 위치하여 활용가치가 떨어지는 경우가 많으나, 라이트는 원도심이나 항만부에 입지하여 시민들과의 접촉 기회가 많은 경 우가 대부분이다.

이처럼 두 유형은 전혀 다른 양상으로 나타나지만, 근대의 기억과 현대적 삶의 공존을 함께 담는 지역문화의 전달매개체적 성격과 라이프 스타일 변 화에 따른 변화무쌍한 기회의 자산이라는 점은 산업유산으로서의 공통적 이면서도 뚜렷한 특성이다.

이 시대는 산업유산에 내재되어 있는 반反 인문적이면서도 삶터로서의 인 문적 가치, 매연과 녹으로 얼룩진 폐허이면서도 시공간을 초월하는 공간 성, 오염지대이면서도 친환경을 논할 수 있는 양면성에 주목하고 있다. 그 러나 이러한 상황은 쉽게 찾아오지 않는다. 산업유산 보유국들의 면면을 살펴보면 경제나 문화적으로 여유가 있는 경우가 많다. 빠른 개발과 변화 가 요구되는 저개발 및 개발도상 국가들에도 폐산업시설이나 폐산업지는 있기 마련이지만, 이를 산업유산으로 바라보기는 힘든 것이다. 재원과 시간이 산업유산 존재에 결정적인 요인인 셈이다.

하지만 핵심은 바로 사람들의 마음, 즉 '의식'이다. 산업유산을 산업유산으로 알아볼 수 있는, 유산에 대한 애정과 기다릴 수 있는 여유가 산업유산 탄생의 핵심 요건이다. 여러 사례의 지난 과정을 살펴보니 산업유산 존재의 요건을 크게 세 단계로 나누어 볼 수 있었다.

자원화 단계

자원화 단계는 산업유산으로서의 가치를 인식하는 단계다. 이 단계에서는 개발 행위에 대한 시민반대운동, 특정 산업유산에 대한 보호운동, 그리고 예상치 못했던 일들(세계유산 등재, 연고기업의 기증과 보호 활동, 지역 전문가의 특별한 관심과 독지가의 과감한 투자, 공공의 제도화 노력 등)이 경험되며, 그 과정 속에서 산업시설이 산업유산으로 전환된다.

자원화 단계에서는 지역 내에 산업유산의 가치를 가진 산업시설이 있는지, 쇠퇴하고 있는 지역에서 산업시설을 신자산으로 인식할 수 있는지, 산업유산 재활용의 움직임을 어떻게 촉발할 것인지 등이 논점이 된다. 이 단계에서는 주로 핵심적인 유산의 상징적 보존과 재활용 그리고 산업유산의 발굴 및 이의 실천을 위한 기초적인 일들이 발생한다.

이러한 차원에서, 2007년과 2008년에 걸친 일본의 '근대화 산업유산군 33과 속續33 목록화 사업'을 살펴볼 필요가 있다. 이 사업은 일본 전역에 산재해 있는 근대산업 전반에 대한 분석을 통해, 단위시설이 아닌 산업지대라는 면面 개념 속에서 작동하는 산업 시스템을 규명함으로써, '지역의 근대산업유산'에 대한 보전 근거를 마련한 것으로 학술과 유산관리 차원에서 매우 높게 평가된다. 결과적으로 이 작업은 일본 산업유산의 세계유산 등재를 위한 중·장기적 포석이었고, 2014년부터 일본은 33개소 중 중요하고 시급한(?) 것부터 차례대로 등재를 추진하고 있다. 2014년도에 등재된 '토미오카 제사공장과 비단산업 유산군 Tomioka Silk Mill and Related Sites '과 2015년도에 등재된 '일본의 메이지혁명 산업유산군 Sites of Japan's Meiji Industrial Revolution : Iron and Steel, Shipbuilding and Coal Mining ' 외에도 '사도 금은산 Sado gold and Silver mine '의 등재를 수년 전부터 추진하고 있다.

최근 또 다른 움직임이 감지되고 있다. 근대화 산업유산군 33 중, 30번에 해당하는 '세토지역의 구리산업 관련 산업유산'과 20번에 해당하는 '긴키 지역의 제조업발전을 위한 중부산간지역 전기개발관련 산업유산'에 대한 국제적 학술 활동이 본격화되고 있다. 이 유산들은 3~4년 후에 잠정목록을 거쳐 세계유산 등재 추진이 확실시 된다고 하겠다.

그러나 이 목록 속에는 가리어진 그림자가 있다. 태평양전쟁 때 일제에 의해 자행된 강제동원의 역사이다. 산업화의 겉 역사만 드러내고 싶을 뿐, 빛을 비추어 그림자를 드러내려 하지 않는 일본의 행태가 매우 씁쓸하다.

'일본 근대화 산업유산군 33'의 목록 및 관련 산업 유형

상황	번호	산업유산군 명칭	산업 유형
② 2015년 등재완료	1	근대 여명기의 선진 기술도입 관련 산업유산	제조업, 철강금속업 등
	2	근대기 조선업 성장 관련 산업유산	조선업
	3	근대 제철산업 발전관련 산업유산	철강금속업
	4	건축물의 근대화에 기여한 적벽돌생산 관련 산업유산	제조업
	5	근대기 국제무역에 공헌한 관광시설관련 산업유산	산업서비스업

	6	북해도 탄광지역 관련 산업유산	광업
	7	북해도 근대농업 및 식품가공업 발전 관련 산업유산	농림업, 제조업, 수산업
	8	북해도의 제지업 발전 관련 산업유산	제조업
	9	동북지역의 광업관련 산업유산	광업
	10	케이힌공업지대의 철광산업 발전 관련 산업유산	광업, 철강금속업
	11	니가타의 석유산업관련 산업유산	전기에너지업
	12	아시오구리광산 관련 산업유산	광업, 철강금속업
① 2014년 등재완료	13	근대기 비단실산업(製絲業) 발전 관련 산업유산	농림업(양잠업), 제조업
	14	요코하마 개항장 관련 산업유산	조선업, 물류운송업, 산업서비스업
① 2014년 등재완료	15	간토지방의 료모지역의 견직물업 및 면직물업 관련 산업유산	농림업, 제조업, 물류운송업
	16	치비현 토네강 유역의 양조산업(간장제조업) 관련 산업유산	농림업, 제조업
	17	중공업화의 선도지역인 케이힌공업지대의 산업유산	철강금속업, 제조업
	18	간토 고시네츠지역의 와인제조업 관련 산업유산	농임업, 제조업
③ 2020년 등재추진	19	니가타의 사도·오이타·히타의 금광 관련 산업유산	광업, 철강금속업
④ 2020년 이후 대상	20	긴키지역의 제조업발전을 위한 중부산간지역 전기개발 관련 산업유산	전기에너지업
	21	중부지역의 섬유산업 및 기계공업 관련 산업유산	제조업
	22	후쿠이지역의 직물공업 관련 산업유산	제조업
	23	주부, 긴키, 산인지역의 요업(도자기제작)관련 산업유산	제조업
	24	교토의 산업근대화에 기여한 비와호수 및 수로관련 산업유산	산업서비스업
	25	광업근대화의 모델이 된 효고현의 이쿠노(生野)광산 관련 산업유산	광업
	26	오사카 지역 한신공업지대의 발전 관련 산업유산	철강금속업, 제조업
	27	산업무역항 고베의 산업유산	물류운송업, 산업서비스업
	28	나다 및 후시미지역의 양조업 관련 산업유산	농림업, 제조업
	29	오사카와 서일본지역의 면산업 발전 관련 산업유산	제조업
④ 2020년 이후 대상	30	세토지역의 구리산업 관련 산업유산	광업, 철강금속업
② 2015년 등재완료	31	큐슈와 야마구치지역의 석탄산업 관련 산업유산	
	32	큐슈 남부의 산업발전을 위한 전기개발 및 물자수송 관련 산업유산	
	33	근대 오키나와 경제발전에 기여한 제당(흑설탕)산업 관련 산업유산	

가치확장 단계

가치확장 단계는 발굴된 자원을 근거로 산업유산 재활용의 방향성을 확보하는 단계이다. 산업유산 재활용에 있어 창의적 발상을 할 수 있는 여건이 확보되었는지, 원原 기능을 대체하거나 조정하는 신新 기능이 무엇인지, 확보된 산업유산의 가치 확장을 위한 방안이 무엇인지 등을 가치확장 단계의 논점으로 꼽을 수 있다.

이 단계에서는 일반적으로 핵심적인 유산을 지역의 거점 공간으로 삼고, 산업관광 차원에서의 유산 마케팅의 근거를 확보한다. 즉, 가치확장 단계에서는 산업유산에 생명력을 새롭게 불어넣는 단계, 즉 '실험적 리모델링'이라는 말이 항상 따라다닌다.

가치확장을 위해 원래의 산업 기능을 대체하거나 보완하기 위한 신기능(디자인, 미술, 음악 등의 예술기능, 문화체험, 전시, 공연 등의 문화기능, 그리고 쇼핑, 숙박 등의 상업기능 등)에 대한 검토가 본격적으로 이루어진다. 신기능은 산업유산이 보유하고 있는 원공간과 밀접한 관계를 맺거나 지역(민) 수요에 부합하는 지역밀착형일 경우에 재생 효과가 더욱 크게 나타나는 경향을 보인다. 이는 산업유산 재활용에 있어 지속가능성을 전제로 하는 지역 수요의 반영이 반드시 필요함을 설명하는 것이다.

결과적으로 이러한 노력은 산업관광에 대한 논의가 촉발되며, 단일 산업유산에 의존하기보다는 지역의 다양한 업종의 유산들과 네트워킹(보행, 교류, 정보교환 등)하여 산업관광을 도모하게 되는 것이 일반적인 경향이다. 그러나 산업관광은 반드시 적극적인 재활용과 연계되지는 않는다. 오히려 방치 상태로 버려둔 산업유산의 원형적 가치를 탐미하기 위한 산업

관광이 더욱 활성화되기도 한다. 이는 가공되지 않은 산업유산 본연의 진정성을 더 높게 평가하는 경향 때문이다

유지관리 단계

유지관리 단계는 산업유산 재활용의 실천성을 확보하는 과정으로, 공공에 의한 제도와 정책과 프로그램 차원에서의 관리가 이루어진다. 이 단계에서의 일들은 독립적이기보다는 가치확장 단계와 동반 발생하거나 연계되는 것이 일반적이며, 앞서 지정되거나 제정된 제도들의 실천성(재정지원, 보존관리체계 등)을 확보하기 위한 관의 노력과 지역민을 중심으로 한 다양한 활동들이 전개된다. 이와 함께 산업관광 차원에서 홍보, 교육, 출판, 관광 진흥 등 다양한 유형의 유산 명소화 사업들이 추진된다.

유지관리 단계는 재생 효과를 지속적으로 유지하는 단계이며, 지속적인 관리를 위한 지속할 수 있는 지역민의 참여가 가능한지, 다양한 활동 주체 (공공 포함)를 중·장기적인 관점에서 확보할 수 있는지, 고착된 산업유산 재활용에서 벗어나 지속적으로 새로운 활력을 유입할 수 있는지 등이 논점이 된다. 산업유산은 문화재에 버금가는 지역자산으로서의 가치를 지니기 때문에 재활용의 궁극적인 목적을 사업성 보다는 중·장기적 관점에서의 지역문화 활성화를 지향할 필요가 있다. 즉, 산업유산의 재활용을 관광이나 지역재생을 지향하는 단발성 사업으로 인식할 경우 실패할 수밖에 없다는 것이다.

이러한 상황 극복을 위해서는 활동 주체의 역할이 매우 중요하다. 지역민의 참여는 물론 창의성을 갖춘 행정과 관련 기업들의 지속적인 참여도 필

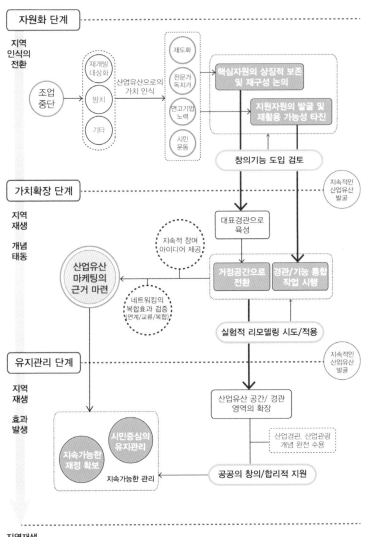

자원화 단계

지역
인식의
전환

조업
중단

재개발
대상화
방치
기타

산업유산으로의
가치 인식

제도화
전문가
독지가
연고기업
노력
시민
운동

핵심자원의 상징적 보존
및 재구성 논의

지원자원의 발굴 및
재활용 가능성 타진

창의기능 도입 검토

지속적인
산업유산
발굴

가치확장 단계

지역
재생

개념
태동

산업유산
마케팅의
근거 마련

지속적 참여
아이디어 제공

네트워킹의
복합효과 검증
연계/교류/복합

대표경관으로
육성

거점공간으로
전환

경관/기능 통합
작업 시행

실험적 리모델링 시도/적용

지속적인
산업유산
발굴

유지관리 단계

지역
재생

효과
발생

시민중심의
유지관리

지속가능한
재정 확보

지속가능한 관리

산업유산 공간/ 경관
영역의 확장

산업경관, 산업관광
개념 완전 수용

공공의 창의/합리적 지원

지역재생
효과의
지속적 발생

산업유산의 탄생과 존재의 과정

수 사안이다. 이것은 산업유산 재활용에 필요한 재원 확보 등과 같은 실천력 강화와 깊은 관련을 가지는데, 관 지원, 연고 기업의 기증, 자발적 기부 (내셔널트러스트운동 등), 금융권을 통한 창의적 투자 등이 포함된다.

우리의 산업유산을 돌아본다. 아직 자원화의 초기 단계임에도 불구하고 지나친 성과를 기대하고 있고, 지역민의 자발적인 관심 그리고 연고기업의 의지 등이 결여된 관 위주의 하향식 접근이 대부분이다. 이러한 상황의 근원에는 폐산업시설이 지역의 산업유산으로 재탄생할 수 있는 '일정의 시간'에 대한 인내 부족과 산업유산의 본질에 대한 몰이해가 존재한다. 산업유산은 최소 10년 이상은 묵혀두어야 한다. 맛있는 장을 기다리는 어머니의 마음이 되어야 한다. 발효의 시간과 과정 없이는 장이 탄생할 수 없듯 산업유산도 다양한 마음들이 섞여 발효될 때까지 기다려야 한다.

현재 우리의 상황은 산업유산 개념의 촉발기에 속한다. 산업유산 전반에 대한 보다 폭넓은 논의와 주변에 산재한 폐산업시설과 노후산업시설들을 산업유산으로 인식하는 의식의 변화가 절실히 요구되는 시점이다. 즉, 재활용 사례를 급하게 만들어 내는 일보다는 산업유산 재활용이 지속가능하게 발생하도록 하는 기초적인 기반을 마련하는 일이 더 필요한 것이다.

우리나라는 산업유산의 관심도에 비해 결과물은 아직 일천하다. 소규모의 공장이나 창고를 카페 등의 식음 시설로 리모델링한 것이 대부분이다. 다중이 함께하며 작동하는 것으로는 손가락에 꼽을 정도다. 이러한 시대 상황 속에서 경북산업유산의 미래를 짚어 보는 것은 매우 중요한 것이다. 경북산업유산은 순식간에 식는 양은냄비보다는 은근하게 달아올라 웬만해서는 쉬이 식지 않는 무쇠솥이 되어야 한다.

지금도 살아있는 경북산업유산

'살아있는 유산 living heritage'. 오래전 '박물관이 살아있다'라는 영화가 있었다. 늦은 밤이 되면 자연사박물관의 박제된 동물들이 활동을 시작하는 혼란 속에서 박물관을 지켜내는 야간경비원의 스토리를 담은 영화였다. '산업유산이 살아있다'는 말은 이미 죽은 박제품이 다시 살아나는 것과는 다른 의미를 가진다. 살아있는 산업유산이란 '해당 산업의 기술이 여전히 작동하고 있고 기술 전승이 지속되고 있는 유산'으로 정의할 수 있다.

여기서의 핵심은 '사람'의 존재다. 그 사람은 계승자나 전승자로 통칭되며, 실질적인 산업기술을 보유한 장인, 해당 산업시설을 소유하고 있는 소유자나 기업, 해당 산업과 산업유산관련 연구자 등이 해당된다. 경북산업유산에도 좁게 보면 10여 명의 사람들이 존재하고 있다. 모두 장인이자 소유자들이다. 상주 (구)잠실을 발굴하고 양잠업 전승에 힘쓰고 있는 경북대 김길호 교수도 포함될 수 있다.

앞서 설명한 주제별로 구분해 본다. 양잠과 관련해서는 상주 허씨비단의 허호 장인과 경북대의 김길호 교수가 있다. 풍국정미소의 우길언 대표와 묵상정미소의 안재현 대표는 정미소와 관련된다. 양조장과 관련해서는 영양탁주합동의 권시목 대표와 예천 용궁양조장의 권순만 대표 등이 있고, 생활제조업에는 안강 노당기와의 정문길 장인, 영주대장간의 석노기 장인, 그리고 의성 성광성냥의 손진국 대표가 포함된다.

다행스럽게도 서너 분은 산업을 이어갈 2세가 확정되어 있거나 이미 함께

일하고 있다. 산업유산에 있어 '전승자의 존재'는 살아있는 산업유산이 되기 위한 첫 번째 조건이 된다. 노당기와, 허씨비단, (구)잠실 등과 같이 산업기술의 전승자가 있는 유산도 있고, 성광성냥, 산양양조장 등과 같이 유산의 재탄생을 위해 힘을 기울이고 있는 2세들도 있다.

그런데 이런 일은 매우 어려운 일이다. 산업유산에 있어 대를 잇는다는 것은 단순히 경제적인 목적만이 아니기 때문이다. 해당 산업에 대한 애정과 지역사랑이 기반이 되지 않고서는 쉽게 산업유산의 계승이 이루어지지 않기 때문이다. 심지어 성광성냥의 경우에는 유산의 전승을 위해 토지까지 내놓는 일종의 노블레스 오블리주를 실천하고 있다.

이러한 것에 대한 모든 판단을 장인과 소유자에게만 의존하거나 짐을 지워서는 안 된다. 다행히 경북산업유산들은 대규모 개발사업과 직접 연계될 가능성은 낮은 편이다. 그러기에 더더욱 온전한 보호를 위한 조치를 서둘러야 한다. 관의 능력과 관심도가 떨어진다면, 내셔널 트러스트운동(국민신탁운동, National Trust Movement)을 통해서라도 대응책을 마련해야 한다.

살아있는 유산을 보유하기 위한 두 번째 조건은 '기술 전승'이다. 몇 곳의 경북산업유산에서는 이미 전승을 넘어 신기술 창조의 단계로 나아가고 있다. 상주의 삼백인 곶감과 명주, 즉 이백이 만난 감물명주(비단)가 대표적인 예다. 갈색의 감물이 든 명주 덩어리는 소보로빵을 닮았다. 건조장에 널브러져 있는 덩어리들만으로는 그 정체를 도저히 분간할 수 없다. 얼핏 양파나 큰 마늘을 말리는 것 같기도 하다. 그런데 그것을 '확'하고 하늘에 던지니 세상 어디에서도 보기 힘든 감물이 베인 특별한 비단이 펼쳐진다. 더

욱더 흥미로운 것은 감물을 들이는 사람의 손길에 따라 또 마음에 따라 모두 다른 문양을 가진다는 점이다.

연구실 한 켠에 영주대장간의 장인으로부터 받은 '대장간에서 벼른 연장세트'라는 이름의 미니어처 호미와 괭이들이 자리하고 있다. 사이즈만 작을 뿐, 목적을 달리하면 연장으로 얼마든지 사용할 수 있는, 가짜가 아니라 진짜이다. 또 다른 방식으로 기술 전승을 알리기 위한 장인의 애타는 마음이 느껴진다.

이러한 유산들이 오랫동안 아니 영원히 살아있도록 하려면, 반드시 특별 조치들이 필요하다. 그냥 내버려 둔다면 언제 사라질지 모르기 때문이다. 산업유산은 지역이 함께 유산을 지켜가야 한다. 계승자가 있거나 찾는다고 해도 그 산업의 경제성이 없다면 살아있는 유산으로는 지켜갈 수가 없다. 묘책은 없을까? 해당 산업유산 자체만의 힘으로는 사실상 불가능하다. 시간이 흐르면 흐를수록 힘이 들 것이다. 관의 지원은 유한하다. 정책이 바뀌거나 사람들의 마음이 움직이면 한순간에 사라져 버린다. 가장 명확한 것은 유산들 스스로가 상부상조하며 힘을 모으게 하는 것이다.

유산이 스스로 뭘 할 수 있겠나 싶지만, 산업유산이 하드웨어 결과물만을 지칭하는 것이 아니라는 점을 생각한다면 새로운 가능성이 열릴 수 있을 것이다. 핵심은 유산에 내재하여 있는 작동시스템의 극대화다. 물론 해당 유산과 관련된 지역에서의 작동시스템을 먼저 규명하는 것이 먼저이겠지만, 그것이 가능하다면, 해당 산업 전체의 공정을 지역과 밀착하여 하나로 묶을 수 있을 것이다. 요즘 말로 '에코뮤지엄 Eco-museum'을 해보자는 것이다.

에코뮤지엄에서는 뮤지엄의 영역이 실내를 넘어선다. 규모의 한정도 없다. 특정 지역에 펼쳐져 있는 다양한 문화와 건축, 생활방식, 자연 등을 보존하고 계승하면서, 인류학, 생태학, 지리학, 민속학, 관광학, 경제학 등이 모두 융합으로 빛을 발하며, 또한 지역민들이 스스로 주체적으로 참여하며 보전, 운영, 관리하는 특별한 개념의 지역박물관이다. 진짜 살아있는 박물관인 것이다.

산업유산을 소재로 하는 에코뮤지엄에서는 변하지 않는 진정한 생산과 유통 지원, 기술지원과 후원, 판로개척과 디자인개발 지원 등이 추진될 수 있을 것이다. 더 나아가 생산지, 산업지원공간, 지역공공문화시설, 전통시장 등이 하나로 연계되어 움직일 것이다. 에코뮤지엄 개념은 경북산업유산으로 이미 지정된 막걸리, 성냥, 농기구, 기와, 명주는 물론, 사과, 마늘, 고추, 담배 등 경북 농산업의 또 다른 지향점이 될 수 있을 것이다.

산업과 풍경이 만난다면

'문화경관 Cultural Landscape '이란 말이 있다. 이것을 설명하는 흥미로운 다이어그램이 있다. 분야 최고 전문가인 황기원 교수께서 오래전에 정리한 것인데, 설명은 다음과 같다.

문화경관은 자연으로 구성된 자연경관 natural landscape 에서 시작되며 자연에 대한 인간의 다양한 행위로 인해 변화되어 인공경관 man-altered landscape/CL1 이 된다. 즉, 문화경관은 사람의 손질과 발길에 의해 변화된 문화화된 경관 cultured landscape 이다.

그런데 문화에 의해 일어난 변화는 지속되어야 한다. 변화의 확장속에서 그 경관은 많은 사람이 공유하는 생활경관 life landscape 이 된다. 결국 사람들이 일상생활에서 이룩하는 생활방식, 즉 문화가 겉으로 드러나거나 혹은 숨어 있는 경관이 바로 문화경관인 것이다. 생활경관이란 말은 보통 사람들이 일상의 변화 속에서 인지하는 평범한 경관 ordinary landscape/CL2 이다. 생활경관으로서의 문화경관이라고 하더라도, 일부는 특수 고위계층의 삶과 관련된 궁궐이나 정원, 최고의 기술로 조성되는 공공시설들로 설명되는 비범한 경관 extraordinary landscape 도 있다. 그러나 전체적으로는 평범한 경관이 압도적으로 많다.

평범하고 비범한 경관들이 시간이 흐르면 역사경관 historic landscape/CL3 이 된다. 문화역사경관이라 부르기도 한다. 그래서 처음 경관을 형성할 때, 오랜 후에 역사경관으로 인정받을 수 있도록 제대로 만들 필요가 있는 것이다. 역사경관으로서의 문화경관은 기록경관 ^{recorded landscape} 이다. 즉, 경관에 과거의 삶이 기록되고, 그 기록이 오랜 시간 동안 보존되어 후대에 전해진다는 관점에서 문화경관은 역사경관이기도 하다. 결국 역사경관 중 진정성이 갖춰진 희귀한 경관은 문화유산 ^{cultural heritage} 이나 더 나아가 문화재 ^{cultural property} 가 되는 것이다.

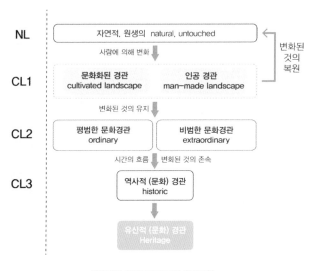

문화경관 개념의 전개 과정 ⓒ황기원

사실 문화경관이란 개념은 유네스코가 세계유산의 새로운 유형으로 문화경관을 선택하면서 본격화되었다. 최초 사례는 1995년, 유럽 낭만주의 건축과 정원문화의 보고인 '신트라 문화경관 ^{Cultural Landscape of Sintra, Portugal} '과 2천여 년 전부터 필리핀 루손 ^{Luzon} 섬 고지대에서 소수공동체인 이푸가오족이 형성한 계단식 논 유산인 '코르딜레라스의 계단식 논 ^{Rice Terraces of}

the Philippine Cordilleras, Philippines '이다. 이후 100여 개소의 문화경관이 세계유산에 등재되었는데 상당수가 재배, 생산, 저장, 가공, 유통 등이 동시에 이루어지는 농업관련 산업유산이다.

이러한 점에서 경북산업유산을 바라볼 필요가 있다. 경북산업유산의 대표적 산업특징은 농림업과 관련된 것이다. 정미소와 양조장은 쌀을 기본으로 한다. 양잠업은 뽕나무가 기본이 되며, 성냥공장은 포플러나무를, 그리고 기와제조는 지역의 좋은 흙을 기본으로 한다. 지정되지는 않았지만, 경북의 특산물인 담배, 사과, 고추, 마늘 등과 관련된 경관도 세밀하게 살펴보아야 한다.

2006~2007년경 연구년으로 미국 오리건주에 잠시 머물 때, 지역의 특산품인 '피노누아 Pinot Noir '라는 이름을 가진 와인을 알게 되었다. 피노누아는 껍질이 얇아 뜨거운 햇살에는 타버리고 서늘한 기후에만 적응하는 매우 까다롭기로 유명한 포도 품종이었다. 태평양의 해양성 기후대인 오리건은 피노누아의 주산지였다. 그래서 그런지 지역 곳곳에 포도밭과 와이너리가 자리하고 있었고, 그 중 한 곳인 '킹 에스테이트 King Estate '란 와이너리를 방문한 적이 있었다. 와인 문외한인 필자는 와인보다는 와이너리의 산업풍경에 푹 빠져버렸다.

구릉지대의 포도밭과 어우러진 와이너리는 와인을 파는 곳이 아니었다. 와인 문화를 다양한 방식으로 생산하는 아니 실험하는 곳이었다. 유기농팜이자 농촌문화풍경의 마케팅 현장이었다. 생산, 문화, 휴양이 하나로 결합된 농촌풍경을 생산하는 공장 같았다. 그런 모습들이 우리나라 곳곳 농촌지역의 모습과 흡사했기에 잠시의 문화충격이 가신 후 익숙한 즐거움

포도밭과 함께하는 킹 에스테이트 와이너리

농촌문화 마케팅의 현장

을 누릴 수 있었다. 포도밭 사이길 걷기, 신선한 채소와 과일 사기, 와인과 함께하는 식사, 와인 제조와 숙성과정의 체험, 진정한 문화체험의 현장이었다. 필자는 첫 경험이었기에 흥분했지만, 그곳이 익숙한 지역민들에게는 힐링의 장소였으리라. 'Our Organic Farming Philosophy'라는 슬로건 문구가 유난히 기억에 남아있다. 그것을 찾는 일, 그것을 구현하는 일이 경북의 농·산어·촌에도 적용되었으면 한다.

이제 비로소 경북산업유산과 문화경관의 관계를 얘기할 수 있을 것 같다. 경북산업유산은 국민들이 사랑하고 많이 찾는 국민 특산품과 관련이 많다. 머릿속에 떠오르는 순서대로 적어 본다. 명주(상주), 인삼(풍기), 마늘(의성), 고추(영양), 사과(문경, 청송), 포도(경산, 영천), 대추(경산, 청도, 군위), 복숭아(영천, 경산), 참외(성주), 곶감(상주), 반시(청도), 안동포(안동), 안동소주(안동), 춘양목(봉화), 담배(영양, 안동, 청송), 과메기(구룡포), 대게(영덕, 울진), 송이(봉화, 영덕, 울진, 청송), 군위(된장), 표고(김천, 문경, 예천, 경주), 호두(김천), 오징어(울릉도), 돼지(의성, 영주, 문경), 한우(상주, 영천, 청도), 산약(안동), 딸기(고령) 등 거의 모든 경북의 곳곳이 명산지들이다. 여기에 힘을 잃은 석탄, 막걸리 등을 보탠다면, 모든 생산 현장들이 경북산업유산으로서의 자격을 가진 곳들이라 할 수 있다.

현재 경북산업유산에는 명주와 막걸리 생산만이 포함되어 있다. 그것도 단위시설이나 장치물뿐이다. 해당 생산품의 생산 과정, 저장, 유통과정을 산업유산과 연계한다면 살아있는 문화경관으로서의 가치를 특화할 수 있을 것이다.

여기에는 두 가지의 난제 있다. 하나는 '그런데 무엇을, 어떻게 라는 현실'의 문제이다. 생산 증대에만 집중해 왔지 이것 자체가 미래지향적인 유산이 될 수 있고, 이것에 대한 부가가치에 대한 고민이 부족하기에 늘 나타나는 현상이다. 지금이라도 제대로 된 조사가 시작되어야 한다. 2000년대 초반 문화재청에서 시행했던 전국 근대문화유산 조사작업(지자체별)이 떠오른다. 놓친 것도 있었고 또 다른 문제도 생겼지만, 전국에 산재해 있던 근대문화유산을 모두 찾아보려 노력하며, 그래서 생활 속의 하찮아 보였던 근대유산에 대한 의식 변화가 시작될 수 있었다는 점을 기억해야 할 필요가 있다. 그 즈음이 요즘 우리가 좋아하는 빈티지 문화와 리트로 문화의 출발점이었다는 사실도.

그러나 지금도 결코 늦지 않았다. 지금이라도 경북 농·산·어촌 곳곳에 잔존해 있을 산업유산의 흔적과 기억들이 모아보아야 한다. 혹시 빛나는 보석들을 발견할 수 있을 지도 모른다. 담배 잎을 키우고 따고, 말리고 또 저장하는 지역에서의 삶 자체가 문화경관이 되고, 새로운 라이프스타일 속에서 살아갈 후손들에 의해 길이 남을 경북산업유산이자 우리가 예측치 못하는 의미를 가진 미래유산이 될 수도 있다.

힘을 잃은 산업생태계의 회복은
빛나는 은하수

1888년 포항에 간 적이 있었다. '지곡지구'라는 포항제철 신주택단지를 계획하고 설계하는 일에 참여했다. 복사하고, 청사진을 굽고, 삽도를 제작하는 것이 주된 임무였던 초보 보조원이었지만, 나지막한 구릉지에 매력적인 낮은 연립형의 주거들이 녹음 속에 자리 잡았던, 마치 서양의 단독주택 단지를 닮도록 계획했던 지곡지구를 잊을 수가 없다. 30년이 지난 지금, 그 지곡지구가 아직도 포항에 건재하다. 한동안 잊고 있었는데, 우연히 다시 찾은 그곳은 오래된 기억 속의 그림과 거의 유사했다.

포항과 포항제철은 떼려야 뗄 수 없는 관계다. 포항에 있어 포항제철은 단순한 공장단지가 아니라, 도시 전체의 역사와 기능을 좌지우지할 정도의 영향력을 가졌다. 형산강 하구언의 항구지역에 크게 자리한 공장부지는 물론, 철을 공급하고 유통하는 교통시설들, 관련된 크고 작은 업체들, 포항제철 사람들의 삶터였던 주택단지들(1969년 동재지구, 1971년 인덕 및 효자지구, 1980년 상도지구, 1989년 지곡지구 등), 포항공과대학과 연구소들 그리고 학교들, 포항공항과 포항역, 심지어는 죽도시장까지도 모두가 지난 50여 년 동안 지켜 온 포항제철의 산업생태계다.

해당 도시의 산업생태계를 규명하는 일. 특히 오랫동안 국가의 핵심 산업을 주도하고 있는 도시의 산업생태계를 조사하는 일은 그동안 지속되어 온 고유한 도시의 작동원리와 공간조직의 시스템을 찾는 일이다. 최근 도시재생이 불 같이 일어나고 있지만, 지역마다 도시마다 기대했던 혜택보다 시들한 결과를 만날 때가 자주 등장한다. 아마 근원적인 부분에 대한 매스를 대지 못한 채, 파편적으로 또 표피의 일부만을 교체하려 했기 때문이지 않을까. 어쩌면 포항의 산업생태계에 대한 규명은 포항 재생의 새로운 실마리를 던져줄지 모른다. 그것을 지역민들이 주도한다면 또 최소한 함께한다면, 더 나아가 포항의 산업유산 보전운동으로 전개될 수 있다면 포항의 그 어떤 재생사업들보다 효과가 크게 나타날 것이다.

제대로 된 산업생태계 조사는 반드시 지역에서의 공감을 낳는다. 옛것과 새것이 공존할 수 있는 근거가 만들어지며, 현재 살고 있는 지역민은 물론 미래 후손들까지도 살아가는 도시의 산업생태계 속에 존재하는 여러 모습의 유산들을 공유하게 될 것이기 때문이다.

일본 교토부에 마이즈루 舞鶴 라는 항구도시가 있다. 한때 일본 4대 군항(마이즈루, 요코스카, 구레, 사세보)의 하나였고, 일본 해군기지였던 곳이다. 태평양전쟁의 패망으로 마이즈루는 모든 것을 잃고 말았다. 30여 년이 흘렀지만, 그 어떤 경제 회생의 실마리를 찾지 못하고 있었다. 1988년, 시민들은 특이한 조사를 시작했다. 도시 내에 잔존하고 있는 적벽돌창고들에 대한 조사였다. 당시 일본은 요코하마의 보전된 적벽돌창고 横浜赤レンガ倉庫 가 새로운 도시 아이콘으로 떠오를 때였기에 한 두동도 아니고 백 여동에 이르는 마이즈루의 벽돌창고에 관심이 쏠릴 수밖에 없었다. 먼저 '마치즈쿠리연구회 まちづくり研究會 '를 결성했다. 1990년 4월에는 약 70여동에 이르는 창고를 조사했고, 그들의 탐구심은 결국 수많은 벽돌창고의 탄생이 가능하게 했던 '칸자키 벽돌 호프만식 가마 神崎煉瓦ホフマン式輪窯 '를 찾아냈다. 놀

라운 것은 그곳이 메이지시대 전국 5대 벽돌도요지에 속하는 중요한 곳이며, 현재 일본에도 4개소뿐인 호프만식 가마라는 것이다. 1999년에 국가등록유형문화재로, 2016년에는 일본유산으로 지정되기도 했다.

적벽돌창고를 조사했던 그해 '제1회 적벽돌심포지움 마이즈루대회 ^{赤煉瓦シ}ンポジウム In まいづる'가 개최되었고, 1993년에는 군수품창고를 리모델링한 세계 최초의 '적벽돌박물관 舞鶴市立赤れんが博物館'을 탄생시켰다. 마이즈루의 시市 승격 50주년 기념사업이었다. 그곳 박물관 로비에는 당시의 시민들의 손때가 묻어 있는 '탐험지도 赤れんが探険地圖'가 자랑스레 전시되어 있다. 보기에는 허름하지만, 박물관 최고의 전시물이다.

몇 가지의 의문이 따라온다. 시민들은 왜 이것을 조사하게 되었을까. 장차

시민들의 손때가 묻어있는 적벽돌탐험지도(마이즈루 적벽돌박물관 소장)

마이즈루가 붉은색 컬러를 테마로 하는 낭만의 도시, 재즈의 도시가 될 수 있을 것으로 상상했기 때문이었을까. 이 조사가 마이즈루에 가져올 파장을 그들은 과연 알고 있었을까. 절대 아니었다. 도시에 대한, 지나간 도시 산업에 대한 그들의 진정성이 모든 것의 출발점이었다. 그 어떤 미래 예측도 경제 활성화에 대한 기대도 없이 스스로 시작한 일이었다. 그러나 한 가지 그들이 인식했던 것은 일본 어느 도시도 백 여동이 넘는 붉은색 벽돌창고를 가진 경우가 없다는 사실이었다. 시민조사를 통해 마이즈루의 차별성이 규명되었고, 도시 곳곳에 그리고 항구 일대에 집중된 붉은색 벽돌창고들에 다양한 콘텐츠가 채워지면서 그 어떤 도시도 흉내 낼 수 없는 진짜배기 재생이 시작될 수 있었다.

또한 그들은 외관이나 형상만을 조사하지 않았다. 적벽돌창고에 내재된 속성이 무엇인지 끊임없이 탐구했다. 스스로의 한계를 깨닫고, 전문가들과 주변 도시들에 손을 내밀었다. 그래서 자신의 것에 더욱 집중할 수 있는 기회를 얻었다. 결국 적벽돌창고라는 하드웨어에 군사기술이 아닌 새로운 사람들의 마음이 모아졌고, 또한 침략시대 이전의 마이즈루 고유의 지역문화가 다시 살아날 수 있었다.

경북에는 포항 외에도 산업생태계의 조사를 기다리는 곳들이 있다. 우리나라 최초의 전자공단으로 출범했던 '구미'의 산업생태계는 정말 흥미로울 것이다. 지난 50여 년 동안의 구미공단의 변천과 사람들의 애환, 그리고 기술 발전의 과정을 상세하게 조사하고, 기록하고, 또 드러내는 작업은 늘 책장에만 꽂혀있는 백서 수준의 죽은 책이 아니라, 살아 약동하는 구미의 라이프 스토리가 되어 줄 것이다.

또 한 곳은 '문경'이다. 석탄 채굴이 중단되며 문경 석탄산업의 기억은 점차 잊혀져가고 있다. 한 세대(30년)가 고비라는데, 문경은 그 과정을 지나고 있다. 어쩔 수 없는 일이라지만 안타까운 면이 크다. 박제된 박물관과 레일 바이크만으로 문경의 석탄산업을 기억하게 하는 것은 너무나 부족해 보인다. 가장 영향력이 컸던 특성은 적당히 해놓고, 새로운 미래 동력을 찾는 일은 그다지 바람직 해보이진 않는다. 일찍이 문경의 산업생태계가 철저하게 조사되었더라면 다양한 스토리텔링과 석탄 마케팅이 전개될 수 있었을 것이다. 문경에 또 다른 유산이 있다. 쌍용양회 문경공장이다. 미래에 대한 정확한 길을 찾지 못한 채 방황 중이지만, 이곳의 지난 60년 행적을 추적하는 일, 그것은 분명 문경 도약의 새로운 좌표가 되어 줄 것이다.

조사를 기다리는 구미국가1공단과 쌍용양회 문경공장 ©다음지도

동해안을 따라 걷는 바다산업여행

동해안 포구들에 대한 행복했던 기억들이 많다. 칼바람이 불던 강구항 포구에서 큼지막한 직사각형으로 썬 방어살 조각을 초고추장에 푹 찍어 먹었던 기억, 희멀건 한 색을 가진 어색한 물회였지만 물회는 빨간색이라는 고정관념을 깨버린 구룡포 물회의 대반전, 붕어도 국화도 아닌 대게로 빵을 만들 수 있음을 확인했던 울진 후포항, 사방으로 둘러쳐진 어항 속에서 바로 그 어항 속 생선을 잡아먹었던 감포항. 적다 보니 전부 음식과 관련된 기억뿐이다. 이왕 이리되었으니 구룡포의 두 가지를 더해 본다. 뱃사람들의 풍성함이 느껴지는 커다란 양은냄비 속의 '모리국수'와 제일국수공장에서 뽑은 국수로 만든 '할매국수'다. 모리국수는 칼국수를 닮았는데 포스가 남다르다. 얇게 채 썬 호박이나 바지락 조갯살이 아닌 셀 수 없는 여러 종류의 해물들과 칼칼한 국물이 매력이다. 할매국수는 말 그대로 바로 옆 국수 공장에서 가져온 쫄깃한 면발에 양념장을 올린 담백한 맛 그 자체다. 소박한 음식들임에도 이리도 기억에 남아있는 것은 맛보다는 허름함 넘어 따뜻함으로 기억되는 가게 골목과 식당 풍경 때문인 듯하다.

맛 기행만이 여행의 모든 것은 아니지만, 경북 동해안의 포구들에 대한 기억은 지역색이 가득 담긴 음식에서 출발한다. 그런데 그 음식들은 소박하기 그지없는 것들이다. 일종의 생활유산과도 같이 그 포구에 가야만이 맛볼 수 있는 것들이다. 그래서 그런지 미각에 대한 체험이 포구에 대한 어떤 기억보다 강하게 남아있는 것 같다.

구룡포 제일국수공장의 국수 건조장과 할매국수

동해안 포구에 대한 또 하나의 특별한 점이 있다. 분명 다른 포구들과 다른 음식에 대한 기억임에도 모두 동해안을 따라 올라가는 7번 국도(20, 917지방도 등 포함)에 얽힌 이야기라는 것이다. 7번 국도는 마치 은빛 줄에 진주들이 촘촘히 달린 진주목걸이를 닮았다. 울진에서 경주까지 쭉 훑어본다. 석호, 부구, 봉수, 죽변, 후정, 골장, 양정, 대나리, 울진, 공제, 진복, 오산, 사동, 기성, 구산, 월송, 직산, 후포, 백석, 병곡, 대진, 축산, 경정, 창포, 강구, 삼사, 구계, 화진, 조사리, 월포, 이가리, 오도, 포항구항, 대동배, 대보, 구룡포, 양포, 연동, 감포, 전촌, 나정, 읍천, 하서, 그리고 바다 건너 울릉까지. 40여 개소의 크고 작은 항구와 포구들이 짙푸른 동해 바다에 매달려 있다.

항구와 포구는 산업유산의 보고다. 수산업과 관련된 대부분의 유산은 물가 쪽에 몰려있다. 방파제, 등대, 물양장, 수산시장, 수산창고, 어구제작시설, 수산조선소 등. 경북 바닷가의 방파제 개수가 50개소가 넘는다. 석호, 부구, 봉수, 직산, 죽변, 봉평, 골장, 대나리, 울진, 진복, 오산, 사동, 기성, 구산, 직산, 사진, 축산, 경정1리, 경정2리, 경정3리, 석동, 서동, 보물, 대탄, 창포, 대부, 하저, 강구, 삼사, 구계, 방석, 조사리(서정천), 이가리, 병곡, 청진1리, 칠포, 영일만, 죽천, 여남, 임곡, 대보, 구룡포, 양포, 장길, 모포, 영암3리, 영암1리, 연동, 척사, 송대말, 수렴방파제까지. '구룡포 방파제'와 같이 일제강점기에 축조된 것도 있고, 바닷물을 가두어 해수욕이 가능한 영덕의 '석동 방파제'나 호미곶의 (육지와 분리된)'뜬 방파제'와 같이 명소가 된 곳도 있다.

방파제는 포구를 지키는 수호신과 같다. 쌍기역(ㄲ)을 닮은 마주 보는 방파제 양쪽 끝 점에 우뚝 선 빨간색과 흰색 등대들은 장군이 포스가 전해진다. 후포 등대, 창포말 등대, 병곡항 등대, 여남갑 등대, 양포 등대, 송대말 등대 등은 꽤나 유명세를 타고 있다. 뭐니 뭐니 해도 경북 최고의 등대는 1908년에 건립된 '호미곶 등대'(원래 이름은 동외곶 등대였다). 우리나라 두 번째의 것이고 1982년에 경북 지방문화재 제39호로 지정되었고, 등대 문화유산 제10호이니 진정한 산업유산인 셈이다. 탄생의 연유가 기록되어 있다. 1901년 9월 9일 일본 수산실업전문대학의 실습선이 대보 앞바다 암

110년 동안 동해 바다를 비추고 있는 호미곶등대

초에 좌초되어 사망자(4명)가 발생하자 대비책으로 등대를 조성했다고 한다. 그렇다. 등대는 생명을 지키는 불 밝히는 곳이다. 1950년 9월 15일, 등대불을 밝힘으로 인천상륙작전의 길잡이가 되었던 팔미도 등대도 있지 않은가.

호미곶 등대가 문화재로 지정되던 해에 우리나라 최초의 등대박물관인 국립등대박물관도 함께 탄생했다. 1985년의 일이었으니 참으로 빠른 판단이었다. 호미곶 등대는 유난히 독특한 특성이 있다. 높이가 26m나 되는 6층 규모의 등대인데 벽돌로만 지었다고 한다. 철근을 사용하지 않은 것이다. 어떻게 버틸 수 있을까. 위로 좁아지는 잘록한 곡선이 그 비밀을 갖고 있다. 8각형 평면의 6층 규모의 등탑은 아래가 넓고 완만한 곡선의 형태로 위가 좁아진다. 마치 고대시대의 하얀 오벨리스크를 연상케 한다. 가장 맘에 드는 것은 각층 천정에 조선왕실(당시 대한제국)의 상징이자 문장紋章이었던 오얏꽃(자두꽃)이 새겨져 있다는 것이다. 1년 뒤인 1909년에 건립된 가덕도 등대에서도 오얏꽃을 보았었는데, 대한제국의 유산들과 오얏꽃! 진정한 우리의 근대유산이라는 생각에 잔잔한 감동이 밀려온다.

또 하나의 흥미로운 사실이 있다. 우리나라 최초의 근대식 등대는 1903년에 건립된 인천 팔미도 등대인데, 2003년이 되어서야 문화재(인천 지방문화재)로 지정되었다고 한다. 부산의 가덕도 등대도 같은 해에 문화재가 되었다. 호미곶 등대는 1982년에 문화재가 되었으니, 무려 20여 년이나 빠르게 문화재가 된 것이다. 어쩌면 등대와 같은 시설물도 문화재가 될 수 있음을 보여준 최초의 것일지도 모르겠다.

경북의 포구 애기에 빠지지 않는 곳이 있다. '구룡포'다. 100여 년의 역사를

1928년에 제작된 구룡포시가도

자랑하니만큼 구룡포는 다양한 산업유산들이 존재한다. 구룡포는 옛날부터 청어가 많이 잡혀 풍요의 포구였다. 선조들은 잔가시가 유난히 많은 청어를 구워서 발라먹기 어려워서 그랬는지, 해풍이 가져다준 혜택을 지혜롭게 이용하여 과메기를 만들었다.

구룡포에 들어서면 1935년에 건설된 방파제가 가장 먼저 눈에 들어온다. 옛 모습은 많이 잃었지만, 일제강점기 때 혼마찌 本町 였던 일본인가옥거리에서 연결되는 옛 상상의 재료로서는 그 가치가 여전히 충분해 보인다. 만선을 알리는 깃발을 달고 청어를 가득 실은 배가 항구에 들어오면, 구룡포는 흥에 겹도록 활력이 넘쳤을 것이다. 지금도 언제나 구룡포는 시끌벅적하다. 여러 소리들이 구룡포를 가득 채운다. 새벽부터 들려오는 뱃고동 소

청어 과메기, 구룡포의 진정한 산업유산

소담한 구룡포의 조선도 산업유산이다.

리, 어부들과 상인들의 흥정하는 소리, 멀리 조선소에서 나무에 못을 박고 쇠를 두드리던 깡깡이 소리는 100여 년 전부터 한결같은 구룡포 소리였다. 이뿐 아니라, 방파제와 선창에서의 생선 내리기와 어구 싣기, 말리기와 담기, 출항을 위한 어구 다듬기, 구경하기와 팔고사기 등의 여러 일이 끊임없이 펼쳐지고 있다.

구룡포에는 근대에 풍요로웠던 항구의 에너지와 삶의 애잔한 흔적들이 집중되어 있다. 수산업과 관련된 항구의 문화, 항구에 살던 사람들의 삶, 풍요했던 항구만이 가질 수 있었던 흥청거림, 그리고 옛 시대를 회상하게 하는 지금도 살아있는 장소들. 이 모든 것들이 구룡포만의 특별한 산업유산을 만들어 내고 있다.

2018년 10월, 형산강 끝자락에 자리한 포항의 작은 조선소가 '경북의 노포 老鋪'로 지정되었다. 조선소(㈜동성조선)가 노포? 엉뚱하면서도 매우 특별한 일이다. 〈조선조합50년사〉에 ㈜동성조선을 "1946년에 목선 건조 및 수리를 위한 향토조선소로 설립되어, 1955년에 현재 자리로 이전했다."라고 소개한다. 도시에서는 30년만 정도만 지나면 노포라 칭하고 애지중지하는

방파제의 녹슨 계선주와 구룡포의 오래된 풍경

데 60년이 넘었으니 분명 역사적인 조선소다. 그런데 노포는 노포인데 그
모습이 무척 애처롭다. 급격하게 하향곡선을 그리는 조선업의 실정을 고
려해 보면 충분히 이해가 된다. 이곳 조선소가 지금까지 버텨온 불굴의 의
지에 격려도 보내주어야 할 것 같고 산업유산으로서의 격을 갖추기 위한
지원이 필요해 보인다.

경북의 동해안은 산업유산의 보고다. 동성조선처럼 우리가 모르고 있는
또 놓치고 있는 유산들이 켜켜이 쌓여있다. 대대적인 조사가 필요하다. 거
친 표면을 가진 물양장의 바닥이, 또 구부등한 모습의 녹슨 계선주가 백 살
이 넘었을 수도 있고, 포구 한 켠에 자리한 낡고 낡은 생선창고가 혹시 경
북 최고의 창고일 수도 있다.

진주목걸이 같이 엮다

'엮다'라는 말은 간단한 두 가지의 조건을 가진다. 엮을 대상이 있어야 하고 엮을 이유가 존재하야 한다. 도시 안의 여러 공간을 엮어 하나로 이어지게 하여 도시민에 이로움을 제공하는 일은 19세기 미국 보스턴에서 시작되었다. 프레드릭 로우 옴스테드 Frederick Law Olmsted 라는 당시 미국 최고의 조경가 보스턴 시민들을 위해 보스턴 브루클린 지역의 크고 작은 호수들, 공원, 그리고 습지들을 모두 엮어 찰스강변의 보행녹지들과 연결한 '보스턴 파크 시스템 Boston Park System '을 탄생시켰다. 에메랄드 목걸이 Emerald Necklace 라 부르기도 한다. 흩어져 있던 공간들이 하나로 작동하니 몰랐던 가치가 드러났고, 이렇게 엮은 길은 '그린웨이'라는 시대의 발명품이 되었다. 이후 유행처럼 전 세계도시들은 공원과 녹지를 연결하여 지역민들의 삶을

옴스테드의 보스턴 파크 시스템 ©Norman B. Leventhal Map Center Collection

윤택케 했다. 삼사십 년 전부터는 도시 내부나 지역의 명소나 문화재를 한 꺼번에 둘러보는 지역탐방 형태의 관광문화가 탄생하면서 트레일, 네트워킹 등의 신조어도 등장했다. 언젠가부터 유산이라 부를 수 있다면 뭐든 연결하려는 유행이 시작되고 있다. 2014년에는 세계사 책이나 역사서에서 이름으로만 듣던 실크로드가 '실크로드: 창안—톈산 회랑 도로망 Silk Roads: the Routes Network of Chang'an-Tianshan Corridor '란 이름으로 세계유산에 등재되었다. 같은 해에 실크로드에 버금가는 남미 안데스산맥의 길도 세계유산에 등재되었다. '카팍냔, 안데스의 도로체계 Qhapaq Ñan, Andean Road System '는 잉카제국이 통신, 교역, 방어를 목적으로 조성한 무려 3만km에 이르는 길이다. 길고 짧든 간에 테마를 가진 길에 대한 관심이 전세계에 확산되고 있다.

산업유산의 경우, 2008년부터 본격화된 '유럽 산업유산 루트 ERIH '가 최초다('산업유산의 자격과 조건' 편 참고). 52개국의 1,768개소의 유산을 하나의 네트워크 시스템으로 통합하는 일은 매우 어려운 일일 것이다. 그런데 어떻게 이일을 해냈을까. 아마 산업유산을 지키고 계승하겠다는 열정과 미래 세대를 생각하는 의지가 모든 장애를 뛰어넘게 했을 것이다. 아시아에서도 이와 닮은 'ARIH Asian Route of Industrial Heritage '가 출범했다. 2012년 11월, 타이베이 TICCIH 총회에서 '아시아 산업유산을 위한 타이베이 선언'을 통해 대만, 일본, 말레이시아, 인도, 중국 등을 중심으로 아시아의 산업유산 루트를 위한 여정은 시작되었다. 그러나 아직은 크게 미약해 보인다. 침략시대, 동북아시아에서 행해졌던 일본의 태도 정리가 우선되어야 할 것이다.

이처럼 유산들을 엮는 효과가 무엇인지 살펴보니, 지역 정체성의 정립과 경제 활성화에 대한 기대와 결과가 가장 두드러진다. 경북산업유산은 이제 겨우 16개밖에 되지 않는다, 정확히 예견하기는 이르지만, 산업유산에 대한 영역 확장과 우리의 생각의 폭을 넓힐 수만 있다면 최소 백여 곳 이상이 경북산업유산으로 변신할 수 있을 것이다. 규모가 크고 다양한 활용이나 전용이 가능한 산업유산들을 거점유산(앵커포인트)으로 삼고, 그 사이사이에 작은 유산들을 엮어 낸다면 '경북산업유산 루트'도 가능할 것이다. 더군다나 경북은 곳곳에 수려한 풍경을 가진 명소들이 많고, 유교와 관련된 서원, 전통마을과 같은 문화재도 즐비하다. 이뿐인가. 고을고을마다 특별한 전통시장들이 아직 건재하다. 이곳들을 경북산업유산 루트와 통합적으로 엮을 수만 있다면, 경북 전체에 산업유산 루트가 확산될지 모른다. 이것은 우리나라 최초의 일이 될 것이다. 이런 흐름은 1인당 GDP 3만 달러 시대를 맞으며 급변하고 있는 우리의 라이프 스타일과도 일치한다. 단순 방문이 아닌 깊은 체험을, 잠시 머물기가 아닌 오랜 탐방을, 단일시설이 아닌 넓은 지역을, 타고 지나가기가 아닌 걸으며 느끼기를 즐기는 시대 경향을 말한다.

그런데 지도에 선만 그리거나 길만 낸다고 원하는 루트나 트레일이 만들어지는 것은 아니다. 아직도 경북산업유산은 널리 알려져 있지 않다. 그것이 무엇이고 왜 중요한지도 제대로 정리되지 않은 상태다. 폭넓은 공론화 과정이 절대적으로 필요해 보인다. 지역의 산업유산은 지역민의 관심에서 출발해야 한다.

언제가 보스턴의 파크 시스템 중 '백베이 펜스 Back Bay Fens '라는 습지 일대를 걷던 중 우연히 만났던 방문자센터를 잊을 수가 없다. 내부 홀에서는 자원봉사자들이 뭔지 모르는 열띤 토론을 하고 있었다. 내 눈을 사로잡은 것은 사실 그들보다는 빼곡히 정리되어 부착되어 있는 백베이 펜스일대의 온갖 생물들에 대한 기록과 정보들이었다. 형식적인 통계자료가 아니라 꽃과 식물, 곤충, 생물들에 대하여 일지 형식으로 적은 꼼꼼한 기록들. 전시 자료 중에 붉은꼬

백 베이 펜스(Back Bay Fens)에 만난 붉은꼬리매의 기록

리매에 대한 기록이 있다. 분명 이곳은 보스턴의 도심지역인데. 아마도 목걸이처럼 모든 녹지들이 연결되어 있기에, 그래서 거대한 녹지 띠가 형성되어 있기에 도심에도 매를 만날 수 있는 것이다.

미국 동부 연안의 자연해안 루트 중간쯤인 뉴포트 Newport 해안가에 '야퀴나 헤드 등대' Yaquina Head Lighthouse 가 있다. 1873년에 건설된 등대로 미국의 국가등록사적지 National Register of Historic Places 이고, 주변 일대는 야퀴나 헤드 특별자연지역 Yaquina Head Outstanding Natural Area 으로 지정되어 있는 매우 아름다운 해안지역이다. 그러고 보니 포항 호미곶과 매우 유사한 지역이다.

등대의 높이가 약 55m나 된다. 라이트가 있는 꼭대기의 작은 방이 전망대다. 그런데 무려 114개의 나선형 계단으로 올라가야 한다. 난간에 의지한 채 힘들게 도착하니 바로 눈앞에 'You've Survived the Climb, Now Help, Light House History Survive'라는 문구가 있다. 등대 등반에 생존

야퀴나 헤드 등대의 전경

꼭대기에서 만난 자원봉사자
(Friends of Yaquina Lighthouses)

했으니, 등대가 살아남도록 도움을 달라고 한다. 헉헉거리는데 바로 앞에 기부함이 그리 반가울리 없다. 그런데 바로 옆에서 환한 웃음으로 반기는 전통적인(?) 분위기의 여성이 다소곳이 앉아있는 것이 아닌가. 기부는 당연했다. 그 여성은 비영리단체인 '야퀴나 등대의 친구들 Friends of Yaquina Lighthouses'에 소속된 자원봉사자였다. 등대가 지역민들의 사랑 속에서 보호되고 있었다.

이러한 지역민 중심의 봉사활동은 지역의 산업유산을 지키는 1등 공신이다. 유산을 발굴하고 지키려면 지역민이 깨어있어야 한다. 지역포럼이나 유산사랑모임도 좋다. 마음을 모으고, 함께 공부하고, 또 조사하고, 그것을 기록으로 남기는 과정의 시간은 반드시 필요하다. 그런데 가만히 있으면 절대 그런 일은 시작되지 않는다. 끊임없이 그런 모임이 촉발될 수 있도록 자극하고 격려하고 지원해야 한다. 지역민이 지키는 경북산업유산! 상상만 해도 불끈 힘이 솟는다.